洪蘭作品集11

好孩子

三分天注定，七分靠教育

家教篇

洪蘭 著
尹建莉 主編

出版緣起

王榮文

一九八四年，在當時一般讀者眼中，心理學還不是一個日常生活的閱讀類型，它還只是學院門牆內一個神秘的學科，就在歐威爾立下預言的一九八四年，我們大膽推出《大眾心理學全集》的系列叢書，企圖雄大地編輯各種心理學普及讀物達二百種。

《大眾心理學全集》的出版，立刻就在台灣、香港得到旋風式的歡迎，翌年，論者更以「大眾心理學現象」為名，對這個社會反應多所論列。這個閱讀現象，一方面使遠流出版公司後來與大眾心理學有著密不可分的聯結印象，一方面也解釋了台灣社會在群體生活日趨複雜的背景下，人們如何透過心理學知識掌握發展的自我改良動機。

但十年過去，時代變了，出版任務也變了。儘管心理學的閱讀需求持續不衰，我們仍要虛心探問：今日中文世界讀者所要的心理學書籍，有沒有另一層次的發展？

在我們的想法裡，「大眾心理學」一詞其實包含了兩個內容：一是「心理學」，指出叢書的範圍，但我們採取了更寬廣的解釋，不僅包括西方學術主流的各種心理科學，也包括規範性的東方心性之學。二是「大眾」，我們用它來描述這個叢書的「閱讀介面」，大眾，是一種語調，也是一種承諾（一種想為「共通讀者」服務的承諾）。

經過十年和二百種書，我們發現這兩個概念經得起考驗，甚至看來加倍清晰。但叢書要打交道的讀者組成變了，叢書內容取擇的理念也變了。

從讀者面來說，如今我們面對的讀者更加廣大、也更加精細（sophisticated）；這個叢書同時要了解高度都市化的香港、日趨多元的台灣，以及面臨巨大社會衝擊的中國沿海城市，顯然編輯工作是需要梳理更多更細微的層次，以滿足不同的社會情境。

從內容面來說，過去《大眾心理學全集》強調建立「自助諮詢系統」，並揭櫫「每冊都解決一個或幾個你面臨的問題」。如今「實用」這個概念必須有新的態度，一切知識終極都是實用的，而一切實用的卻都是有限的。這個叢書將在未來，使「實用的」能夠與時俱進（update），卻要容納更多「知識的」，使讀者可以在自身得到解決問題的力量。新的承諾因而改寫為「每冊都包含你可以面對一切問題的根本知識」。

在自助諮詢系統的建立，在編輯組織與學界連繫，我們更將求深、求廣，不改初衷。

這些想法，不一定明顯地表現在「新叢書」的外在，但它是編輯人與出版人的內在更新，叢書的精神也因而有了階段性的反省與更新，從更長的時間裡，請看我們的努力。

目錄

懂內心，相處其樂融融 203

身教篇

懂生命，人生踏實成功 329

推薦序

良好的教育，在於觀念的通達

（親子教育作家）陳之華

記得幾年前，一位在臺師大歐洲研究所任教的長輩，邀我為他班上的研究生做一場專題講座。那天講課結束後，這位長輩很好心地跟我說：「之華，妳兩個小時講了這麼多，速度又快，這樣會讓自己太累了！」

當時，我只是點頭微笑回應了他；這位長輩不論說話或動作都不算快速，與他相較之下，我確實講話快得多。但，為什麼會快？因為我只有這節課可以分享，總希望「不誤人子弟」，能多講一點，就多講些。

不過，一提起說話速度，我大概真的屬於一般人頻率，這在我後來與洪蘭老師同台座談時，就更加確認了自己的想法。有一年，我和洪蘭老師在臺北國際書展一起出席講座，老師提到自己說話的速度之快，大約一分鐘可說上多少字數，這絕對超越一般人，連她先生曾志朗部長也望塵莫及。洪蘭老師說，自己實在有太多要分享的，當然希望在最短時間內，將最多的觀念傳達出去。當時坐在她側邊的我就在心底微微笑，因為想起了自己在臺師大想要快快講、多分享的經驗。

直率、快語、效益，應該是洪蘭老師在許多人心目中的印象，她總能妥善具效能地安排每日的時間，讓自己擁有極高的「產值」與執行力，這是我做晚輩的遠遠不及之處。

若從比較新生世代的視角來看，洪蘭老師可算是充滿「熱血」的代表人物，尤其她在過往十多年來馬不停蹄的在各地分享教育觀念，許多偏鄉學校都有她的足跡，連我多次在不同地區演講時，都會聽到當地教職人員對於洪蘭老師不辭辛勞上山下海而佩服不已。還有一年，我應邀到馬來西亞演講，竟也聽到當地籌辦活動人員提起洪蘭老師的熱情與行動力；他們說，老師的行程很忙，但願意專門到大馬演講，一下飛機就趕來講，講完後又趕著走，讓他們好感動。

只要談起教育觀念，洪蘭老師總能以專長的科學智識加上豐富的人生經驗與觀察，一針見血、直入核心的提出針砭之道。她的專欄與專文，遍佈各大報章雜誌，而後又分別在不同時期集結成書，我書架上光是遠流出版的洪蘭老師【講理就好】系列，就多達六、七本。這次大陸著名的教育專家尹建莉女士，將洪蘭老師所出版書中的許多精華文章，彙編成此書，讓我又一次有機會捧讀老師多年來諄諄闡述的好觀念。

洪蘭老師指出了大腦的可塑性，強調「身教、家教、閱讀」的重要性；而我也總是認為，這些理念，正是做父母的我們在養育孩子時，最能掌握的基本功。

每個孩子都是獨立的生命個體，我們其實無法主導他們的未來，但卻能讓他們在成長中，看見並學習我們的身影。我們是怎麼樣的人，無論是價值觀、行為模式還是教養方法，都會使孩子在成長過程中，希望或選擇排斥成為和我們相類似的人。

現在人多數喜歡談「投資」，我覺得生活與教養，應該是一種穩賺不賠的好事業，這是一項明顯會「種瓜得瓜、種豆得豆」的投資報酬現象。但，該如何種？又該如何種得好？這實在一直考驗著父母的神經，衝擊著父母的智慧，讓許多父母長期處於焦慮不堪的困境。

因此，父母親也一起閱讀，就顯得格外重要，透過更多好書、文章，擷取他人的經驗與智慧，再從自身家庭的生活教養中，反思、內化成為最適合自己的方式，就有機會站在教養的巨人肩膀上，使子女培育之路，顯得更為從容、智慧，讓自己成為懂得聆聽、引導的開明父母。

所有的父母都希望培育出好孩子，我也相信「好孩子是三分天注定，七分靠教育」。教育這門課，有時候確實比登天還難；因為良好的教育，在於觀念的通達，一旦觀念通達了，落實在日常生活中的想法，就會開闊、正確，而教養的方式就會很自然地融入在與孩子一起的生活環境裡，也就能很自然地實踐「生活即教育」的優質概念。

集結洪蘭老師眾多好文的這本書，確實值得大家一讀再讀，其中的好觀念以及許多提示與分析，一定可以讓父母在陪著孩子成長的教養路上，走得寬心、開心，也會看到令人欣慰、喜悅的成果。

教育的成功從改變父母的觀念開始

洪蘭

從來沒有一個世代像這個世代的父母這麼焦慮，不知該怎麼教孩子；也從來沒有一個世代像這個世代的孩子這麼大膽，敢跟父母嗆聲。

現代的孩子心中不爽，上網串聯一下，幾個人集體離家出走。現在的臺灣交通便利，離家出走已經不是在附近走走，而是一怒就上高鐵，從臺灣北流浪到臺灣南；臺灣到處有網咖，鑽進去，三天三夜不出來，連警察都找不到；每個轉角都有便利商店，冷的飯團、熱的便當，只要有錢，根本餓不著。現在的孩子是翅膀雖沒硬，但是敢單飛，只要有手機，天下都去得。

反觀我們那個世代，父母每天從天亮做到天黑，胼手胝足還難以維持一家溫飽，五歲的姐姐要揹三歲的妹妹，一年級的小學生要搬個凳子站在灶前煮豬食。我們對父母肯養育我們，萬分感激，對有學校可上、有書可念，感恩不已，鉛筆短到握不住了，綁個樹枝繼續用，哪裡敢抱怨教室沒冷氣？現在回頭看，貧窮教育教出了骨氣，教出了責任心。所以黃春明說：「艱苦的生活使每一個人都變得能幹，臺灣沒有無用之人。」在我們成長的時代，不但要使自己活下去，還要使別人也活得下去，我們創造了臺灣奇蹟。

現在大家孩子普遍生的少，心肝寶貝們從小到大都是飯來張口、衣來伸手，富裕的生活使孩子少了一些生活的體驗，也對自己沒有期許，覺得生活不過是如此，更沒有責任感，世界少我一個好像不怎麼樣。一個跨國公司人資部的經理曾說：我不怕你沒技術，我只怕你不肯學。他們公司對新進人員有六個月的在職訓練，但是心態（mentality）和態度（attitude）訓練不來，因此員工流動率很高，一旦加班辛苦了，便回家去吃父母。這現象變成了臺灣目前一大社會問題。

在演化上，習慣是人類生存之道，因為習慣成自然就不必花力氣去想怎麼做，這個大腦資源就可釋放出來處理更重要的東西。亞里斯多德說：「我們重複做什麼，就成為怎樣的人。」每個人都是過去經驗的總和，卓越不是天才而是習慣的成果。因此好習慣要從小養成，我們的大腦像個草原，凡走過必留下痕跡，一條小徑走久了，路就形成了，習慣就出現了，下次碰到同樣情況，想都不想，就做出該行為來。做的越多次，神經迴路越大條，最後變成自動化的歷程，只要情境的提示一出現，行為就自動啟動了。

但是要改變一個舊有的習慣可是需要十倍的力氣，同時還無法全部戒掉，因為從動物實驗中看到，壞習慣會三不五時「自然回復」（spontaneous recovery），所以說，好的開始絕對是成功的一半。做過縫紉（本想說裁縫，後來一想，現在的孩子哪裡知道什麼叫裁縫，他們以為衣服就是長在衣架上，拿起來穿就好了）的人都知道，改一件衣服不如買塊新布重做。也因為如此，父母在孩子小時候的啟蒙教育很重要，千萬不要只想著努力賺錢送他去補習班、才藝班，孩子小時候，父母沒有在家教他陪他，等到孩子長大了，不聽你的、走上歧路，那時才是後悔莫及。這本書的目的就是為了告訴父母，只要方法對，你可以安心的享受天倫之樂，不必擔心寵壞孩子，不必打也不必罵，更不必作後娘，也能教出品學兼優的好孩子。

我本來不認識大陸的尹建莉老師。幾年前，她把自己撫育孩子的經驗寫成一本暢銷書叫《好媽媽勝過好老師》，臺灣的出版社請我幫它寫序。我很贊同尹老師書中的觀念，便寫了一篇長序推薦它。這本書在臺灣也賣得很好，出版社把尹老師請來臺灣宣傳時，她買了很多臺灣的書帶回去，其中包括我的【講理就好】系列多本。

她看了後很喜歡，認為自己的文章有了學理上的根據，不再是知其然，而不知其所以然，因此把我書中的部分文章整理成《好孩子：三分天注定，七分靠教育》。

在尹老師主編這本書時，我才體會到，雖然都是中國人，膚色、文字和語言都相同，但是分隔了六十年後，很多想法、做法都不一樣了。尹老師著實下了番功夫把我的話轉換成大陸父母可以接受的語言，因為尹老師在大陸知名度很高，這本書在大陸賣得很好，還出了越南文版。

臺灣的出版社想：明明本來是我們的東西，怎麼用到對岸去了呢？我們的父母不也很需要知道孩子行為背後的原因嗎？因此又規劃這本書的正體字版（請注意，我們的字是正體字，不可因他們是「簡」體，我們就成了「繁」體。我們是正體，從倉頡造字一路演化下來的正體字，不可自矮身價）。

現在這本書在臺灣出版，它的好處是經過尹老師的整理，書的主題清楚，脈絡分明，家長容易讀；壞處是因為兩邊文化不同，背景知識也有差異，當時尹老師改了我的話，也加了她的見解，現在我又得重新修正。不過再讀一次時，發現當年在專欄（【講理就好】系列各書收錄從二〇〇〇年到二〇一〇年在報章雜誌上發表的一些有關大腦和行為的文章）中所寫的社會現象、學習問題，竟然都還存在，不曾因為時光的流逝而有所不同。難怪金文的「世」字是三個十疊在一起，要改變一個觀念真的需要三十年啊！

唐宋八大家的韓愈說：「化當世莫若口，傳來世莫若書。」我希望透過書本和教育的力量使國家強大起來，這是我父親或我祖父那一輩在海外打拚的所有華僑的心願。我們必須投身在教育上，國家才會強，因為教育是國家的根本，是改變世界最勇猛的武器。臺灣很多人都看到教育的重要性，因此才有教改出現，但是改了二十年，孩子依然痛苦，這原因是我們沒有改變父母的觀念，換湯不換藥，成效自然就不高了。

既然父母的觀念影響孩子的一生，父母對孩子的態度決定他的命運，我們就從改變父母的觀念著手，舉實驗例子告訴父母，哪裡跌倒，要換個地方爬起來，不要在原地撞牆。我在書中，大量舉實驗的例子讓父母看到大腦是可以改變的，大腦和行為是個因果的循環，父母溫柔的對待孩子，他會以甜美的笑容回報你，你越注意他心靈的長成，他的行為，會越合你意。長久以往，在不知不覺中，你就塑造了完美的下一代。當他把你的基因傳下去時，完成了演化給你的使命，你也得到養兒育女的最大快樂。

懂大腦，教育如虎添翼

分辨「偽科學」

在神經學上沒有「輸在起跑線上」這回事，實驗已找到終身學習的神經機制。

一句唬弄我們百年的訛言

現在，不少人打著「科學」的招牌，圍繞大腦來設騙局。家長最容易落入這樣的陷阱。

最近參加幾場學校的親子座談，發現父母關心的問題都很相似：「我怎麼樣可以增加孩子的智力？」「記憶力訓練班有效嗎？」「有地方可以測ＩＱ嗎？」……只要打出「智力開發」或「不要讓你的孩子輸在起跑線上」之類的廣告，就不怕做家長的不掏錢。

很多人被告知，人的大腦只利用了百分之十，其他的百分之九十有待開發。在科學上，到底有沒有「只用到百分之十的大腦，還有百分之九十的潛能可以開發」這回事呢？

有人追蹤到這句話的來源，原來這是一句來自二十世紀初美國世界博覽會上一個攤位的廣告詞，並非科學實證。於是大家以訛傳訛，就像滾雪球一樣，騙得父母成天馬不停蹄地接送孩子到各種培訓班，以為這是為了孩子好，卻沒有人停下來問一下：「這種說法的證據在哪裡？」

現在要反駁這個謬論非常簡單，因為腦造影的研究與技術已經發展到可以直接看到這個人在思考、記憶、說話、聽音樂時大腦的工作情形了。實驗發現，盲人在摸讀盲文點字時，視覺皮質被觸覺召喚過去用了。如果把正常人的眼睛蒙住五天，他的視覺皮質就會開始改變，去做聽覺、觸覺方面的事。所以，大腦怎麼可能放任其餘百分之九十不做事呢？

人的大腦重約三磅，占我們體重的百分之二，卻用到我們身體百分之二十的能源。當它用到十倍的能量時，是不可能只有百分之十在工作，而聽任其餘的百分之九十閒著沒事幹的。

大腦的神經是「用進廢退」的，常用的區塊會因此而增大，長久不用的地方會被挪作他用。最重要的是，大腦不是頤養冗員的地方。所以，絕對沒有「只用到百分之十的大腦」這回事。

美國就有心理學家強烈批評這個謬論，說：「凡那些告訴你大腦只用了百分之十的人，他們才是只用到自己大腦的百分之十！」

大腦終身都有可塑性

一個自然的腦，其先天的設定是不是一成不變的呢？

哈佛大學的心理學教授凱根（Jerome Kagan）做過一個實驗，給一群四個月大的嬰兒每二十秒看一件新玩具，不停地看，結果發現：有些孩子喜歡新奇的東西，很高興；有些孩子不喜歡，號啕大哭。他又趁這些嬰兒不注意，在他們背後弄出很大的聲響，那些喜歡新奇事物的嬰兒會轉過頭去看發生了什麼事，而那些不喜歡的孩子則嚇得大哭。

凱根推測這些退縮的孩子的杏仁核（大腦皮質下一個類似杏仁狀的神經組織，是情緒中心）過度活化，新奇東西和大的聲音對他們來說是過度刺激。大腦中的杏仁核偵測到不尋常、有威脅性的事物時，會活化起來，這條神經迴路活化程度低的孩子個性比較外向、好冒險，活化程度高的則較易害怕退縮。

多年後，當年被凱根認定為杏仁核過度活化的孩子已長大成人，他把他們重新找回實驗室，掃描他們的大腦。結果發現這些孩子（應該說大人）的杏仁核仍然對不尋常的事物過度反應，一如他們小時候；但是大腦卻能透過已經發育完成的前腦，以理智的方式處理這些過度反應。所以以前很害怕、會退縮的孩子，有百分之七十發展成健全的人格。

也就是說，雖然神經結構還是一樣，但是大腦通過後天的學習，可以用認知的方法改變先天的設定。

有一種草原田鼠，住在丘陵區的是一夫多妻制，住在草原區的是一夫一妻制。實驗者用核磁共振掃描這兩種雄性田鼠，發現一夫多妻的雄鼠在掌管空間記憶的海馬迴後端比較大，因為它必須記得太太們是誰，住在哪裡；而一夫一妻的雄鼠就沒有這個必要，因而較小。從這裡我們看到，大腦會隨著功能的需求而改變裡面資源的分配。

另一個研究也發現：在沙灘造窩的海鷗很能辨識自己的蛋，如果把別的海鷗蛋放進牠的窩，牠一看到便立刻用喙推出去；但是築巢在懸崖上的海鷗，因為不必擔心混淆，就沒發展出這種辨識能力，即使把乒乓球放進巢裡，牠也照孵不誤。這些研究讓我們看到先天與後天的交互作用，環境可以作用到基因上，環境可以影響先天基因。

人的大腦是環境和基因交互作用的產物，我們不是只受基因的指揮。

還有一個很好的例子：動物身上有製造維他命C的基因，牠們不吃蔬果也不會得壞血病。在沒有冷藏庫之前，遠洋航線的船員幾個月看不見陸地，吃不到新鮮的蔬菜，常會得壞血病。我們的祖先是從動物演化而來的，遠古祖先身上也有製造維他命C的基因。人類定居下來後，可以吃到新鮮蔬果，就沒有必要再保留這個基因了。那時候祖先絕對沒有想到後世子孫會發明輪船去航海。講到這一點，中國人的聰明才智的確高人一等。鄭和下西洋時，也是一走幾千里，但是他在船上孵豆芽，豆芽可以提供維他命C，解決了壞血病的問題。

人能夠在惡劣的環境中生存下來，大腦的可塑性有很大的貢獻，人類不停地適應外界需求，改變著大腦的結構。

物種的演化很慢，個體的改變卻是很快可以看見的。最近有一本新書討論網路數位化時代的來臨，已經在孩子的大腦上留下痕跡，科學家已經看到大腦神經迴路因此而改變了。

起跑早晚都能贏

現在的家長十分熱中一些開發、早教之類的宣傳和活動，產生一種普遍的共識：學習上的事越早越好。尤其看到別人家的孩子已「領先」一步，生怕自己的孩子起跑晚了輸掉人生，對不起孩子，所以趨之若鶩。其實，在神經學上沒有「輸在起跑線上」這回事，實驗已找到終身學習的神經機制。

在我念書的時候，有一個重要的生物教條，就是大腦的神經元死了後不會再生，不像皮膚的細胞會不停地代謝。但是，在一九七〇年代末期，研究鳥類的比較心理學家發現，公鳥唱歌的神經元在秋天生育季節結束後就萎縮了，但到第二年的春天又會長出新的神經元來。人類是從鳥類演化而來的，如果鳥是如此，那麼，人的神經元有再生的可能嗎？

這是一個好問題，但是因為這個假設與神經學的祖師爺卡哈的教條違背，所以很多年沒有人敢去想。後來，麻省理工學院的教授看到成年老鼠大腦中有幹細胞，老鼠是哺乳類，與人類的關係又更近了一層，但還是沒有人敢公開質疑卡哈的教條，這些話只敢在聚會時私下耳語。直到一九九〇年代，科學家在猴子的大腦中看到神經再生後，才開始公開討論。

一九九八年，瑞典醫生艾瑞克森（Peter Eriksson）在鼻咽癌的病患大腦中，看到掌管記憶的海馬迴的齒迴神經細胞在顯微鏡底下發亮，表示是病患在注射了放射性的水 BrdU（一種蛋白質，要長新的神經元需要用到它）之後才生出的，顯示人類大腦中也有神經細胞再生，原來的教條這才被推翻。

雖然目前並不知道人類大腦的海馬迴每天有多少新細胞誕生，但是從對成年老鼠的實驗中知道，每天有五千到一萬個新細胞出生。所以我們不必擔心「老狗不能學新把戲」，我們終身都可以學習。很重要的一點是，假如這隻成年老鼠努力學習新的東西，那麼牠大腦中新生神經元的壽命就比較長，存留的細胞就越多。所以，越是要求思考的作業，越能產生新細胞；大腦中保留的新神經元越多，學習成績也就越好。

美國最近有一個實驗，請大學生到實驗室來學雜技團的拋球。先掃描一次大腦，然後讓他們練習到能同時抛接三顆球持續一分鐘不落地才可以停止，這時再掃描一次大腦。之後受試者回去休息三個月，不碰觸球，再回到實驗室來掃描一次大腦。當實驗者把三張不同時期的大腦圖擺在一起比較時，明顯看出：第二張圖的頂葉掌管空間運動的地方有些特別活化，血流量增多，區域變大；持續三個月不練習，那個地方又縮小了。因為這些大學生已經超越了青春期，所以這個實驗很清楚地指出：人類大腦可以因外在環境的需求而改變內在工作的分配，就像一家機動性很強的成功企業，會隨時因市場需求而調配人力。

現在看來，過去以為大腦過了青春期就定型、不可改變的觀念是錯的。大腦的可塑性是終身的，人終其一生不停地因新的經驗而重塑他的大腦。

所以家長真的不需要讓孩子在起跑線上爭先後，人生好似馬拉松，起跑早晚都可能贏。

「右腦開發」是謊言

「右腦開發」近些年很是時髦，但科學上根本沒有「右腦開發」這回事。我最近十幾年來一直致力於破除「右腦開發」的謬論。

有一種說法，似乎也得到了廣泛「認同」，那就是：左腦指揮右邊的肢體，右腦指揮左邊的肢體；反過來，左邊的肢體活動帶動右腦，右邊的肢體活動能強化左腦。因為人們通常較少使用左手，所以會造成右腦不夠發達。

幼兒的腦是同步發展的，沒有右腦先啟動再帶動左腦的任何證據。腦的可塑性比我們想像的大：就算孩子年幼時腦有損傷，通常正常的那邊腦也會把受傷那邊腦的功能接收過來處理；即便是成年後才受傷，復健仍有相當的成效。

英國有一位小兒科醫生，追蹤了五百名水腦症兒童的智力發展直到他們三十歲。他發現只要損壞是漸進式的，對智力都沒有很大的影響。這些孩子都能在社會上立足，自己養活自己。其中兩名孩子很特別，一名智商達到一三〇，另一名畢業於經濟系。

在解剖學上，兩隻眼睛的左半部投射出去是右視野，右視野到左腦；右半部投射出去是左視野，左視野到右腦。並非右眼到左腦，左眼到右腦。所以叫孩子遮蓋一隻眼去啟發另一邊腦完全是無稽之談。但是直到現在還有人叫孩子用左手寫字、蓋住右眼來啟發右腦，完全不瞭解大腦是個合作無間的腦，只要中間的橋——胼胝體

（這是百萬以上的纖維束，負責兩個腦半球的溝通）——沒有被剪斷，資訊的交換就是快速無礙的。

儘管研究證據歷歷在目，坊間卻仍然充斥著右腦開發、潛能開發的謬論。想想看，孩子右手寫字就已經寫得不好看了，還叫他用左手寫；兩隻眼睛都近視看不清了，還叫他蓋住一隻眼看黑板，真是折磨孩子。

2 半是先天半後天

孩子大腦發展最適合的地方是溫馨的家庭，最佳的營養是安全感，最好的刺激是父母的陪伴。

聰明不等於成功

孩子學習的好壞固然與大腦有關，但是大腦的因素只占百分之五十。

美國明尼蘇達大學對同卵雙生子的研究報告，在二〇〇二年結集成書出版，這是長達三十年的追蹤研究，探討一出生便被兩個不同家庭收養的同卵雙生子，成年後人格、性向、嗜好、成就上的表現有何不同。

這個研究讓我們知道了先天基因與後天教育的影響大約各占百分之五十。也就是說，基因是幅建築的藍圖，它決定孩子大腦的結構；而後天的經驗決定腦中神經迴路的連接，決定我們對事情的看法。就像一棟公寓每戶都是三房兩廳，只有走進去看到不同的裝飾，才會知道它是張三的家還是李四的家。

歷史上許多成功人士都不是絕頂聰明，但都是能利用別人的長處，也就是能靠領袖魅力創造出一番事業。相信很多人看《三國演義》時都會覺得劉備很窩囊，他的天下是「哭」出來的，但是他的領袖魅力使關公、張飛願為他賣命打天下。他知人善任，用諸葛亮為他治蜀，終於使他成為三分天下的一霸。再看曹操，他的聰明才智遠不及楊修，連曹操自己都說過「吾智不及汝，乃覺三十里」，但楊修最後還是死於曹操之手。所以聰明不等於成功。

一位成功的人往往不是最聰明，但是他一定有某些人格特質是其他成功的人士所共有的。例如毅力、領袖能力，等等。所以父母不要迷信智力開發，應該把孩子上各種補習班的時間用來玩遊戲，培養他的群體生活智慧、想像力及創造力。

我看過一名小男孩光是玩六顆報廢的電池就玩了一個下午，而且玩得不亦樂乎。一會兒是火車過山洞，一會兒是飛機丟炸彈，想像力豐富極了。

想像力是創造力的根本，沒有想像力就沒有創造力。中國人過去「業精於勤荒於嬉」的觀念要改一改，因為背誦的時代已經過去了，二十一世紀的資源是腦力資源而不是自然資源，二十一世紀的競爭在創造力而不在記憶力！電腦的記憶體取代了人腦的記憶功能，把人腦的資源釋放出來，去做更高層次的整合、創新。

父母只要用心想一想這些例子，就知道孩子的大腦不需要花大錢去開發。愛因斯坦的媽媽並沒有買那些昂貴的魔術方塊給他玩，他也拿到了諾貝爾獎。

千百萬年來，嬰兒都是在最自然的環境中生長，眼睛看到的是他將來要生活的環境，耳朵聽到的是他將來要講的語言。只要有健全的心智、快樂的人生觀，任何挑戰他都能面對，我們的祖先就是這樣過來的，他們留給我們無數令人歎為觀止的文明寶藏。

孩子的大腦發展最適合的地方是溫馨的家庭，最佳的營養是安全感，最好的刺激是父母的陪伴。有了這些條件，不必整天送孩子上補習班或才藝班，他的大腦也會健全地發展。

日夜不停轉動的機器磨損快

為什麼有些孩子整天做功課，功課卻不好？

從神經學來看，神經對一直不停地進來的刺激有飽和的現象，疲乏了就不再處理它。這就是為什麼「入鮑魚之肆，久而不聞其臭」。

孩子在上了八個小時的課之後再上補習班，繼續學同樣的東西，神經已經疲勞，學不進去了。在記憶的研究上有個現象叫「Release from Proactive Inhibition」（從前向抑制中釋放出來），是指當我們一直在做同樣性質的記憶時，記憶的項目會相互干擾。例如記憶花卉的名稱，每次記十種花的名字，當進行到第三個名單時，再去問受試者，哪種花在第幾張單子上，受試者已經記不清了；但是如果這時換成十種家具的名稱，受試者的記憶會立刻回復到跟第一次記花卉時一樣好。

在課程的安排方面，我們每上四五十分鐘就得換另一科目，就是怕造成孩子學習上的飽和；而且一天不能學得太多，到一定時間就要休息。但是父母在送孩子去補習班時卻忘記了這一點。

人不是機器，疲勞後反應會遲鈍，會「有聽沒有見」，所以我們常在補習班看到目光呆滯的孩子，手在無意識地抄著黑板上的公式，難怪會有孩子在桌子上刻下「我在浪費生命」這句無聲的吶喊！

今天教育改革的問題仍然很多，但最重要的還是沒有回歸到教育的本質，即「有動機地快樂學習」。或許我們無力改變大環境，但孩子是自己的，可以從自身做起。

不是功課越多越好，不是學習時間越長越好。即使是機器也不能「日夜無休不停轉動」，需要經常停下來涼一涼，上上潤滑油，更何況孩子！

當父母把眼光放到十年、二十年之後時，我們會發現，學校的成績其實並不那麼重要。考上大學名校並不能保證一輩子成功，反而孩子只要有了學習的動機、愉悅的人生觀，以後就一定會在世界上找到自己的定位，創造屬於他自己的人生。

記憶就是熟悉度

有的孩子記憶力似乎很差，這確實很影響功課。

很多父母迷信外面的訓練班能增強孩子的記憶力，有的家長甚至還去買保健藥給孩子進補。父母想給孩子補腦的原因之一是覺得孩子看了記不住：別人的孩子一目十行，我的孩子十目一行，肯定是智力有問題。其實完全沒有給孩子補腦的必要，孩子只要飲食均衡即可。如果買的是來路不明的藥物，很可能有危害人體的重金屬成分或化學物質，吃了反而有害。

我個人也不贊成送孩子去培訓班學記憶術。

記憶，最簡單地說，就是熟悉度。當一個東西看得很熟悉之後，自然就能脫口而出；能說得出，自然就記住了。

坊間記憶培訓班教的也不過是如何增加新舊知識的連接，靠著舊知識的提取將新知識帶出來而已。它只是工具，不是記憶本身。真正重要的還是要增加神經元的連接密度，因為一個連結緊密的神經迴路，激發任何一點都能帶動整個迴路的活化；而增加神經元連接緊密度靠的是對事物的理解。因此，心理學記憶的研究強調的是理解，而不是表面的死記。

傳統的教學法會要求學生對一個不熟的東西反覆背誦，直到熟悉度增強到可以任意「提取」的地步為止，但它在當代已不太適用。科技工具普及之後，現在對記憶其實有新的認識。現在電腦已經取代了記憶在學習上的重要性，一些必須死背的東西可以放在大腦外面的地方儲存，反正隨時可提取而且不會錯。所以現代的教學已不注重背誦了，很多考試是 open-book，讓學生帶書進去；但是考題和答案書中並沒有，而是需要學生自己思考過才能寫出來。在 e-learning 的現代，組織和整理能力的重要性遠超過記憶背誦的能力。

這正是為什麼我一直呼籲課程不能排得太滿，安排太滿會使學生沒有機會做主動的聯想，只能被動地接受資訊。今天我們的學生很會做填充題，可是一改換情境便目瞪口呆、不會作答，就是這個原因。送孩子去培訓班訓練記憶，還不如讓他在家中看些自己喜歡的書。知識是相通的，只要他肯打開書來看，就會得到啟發，所謂「開卷有益」講的就是這個道理。

育兒真經四字訣

有人做過一個「練習」實驗，受試人是一對雙胞胎兄弟。在他們十一個月大時，先訓練雙胞胎的哥哥走路，然後記錄兄弟兩人可以獨立行走的時間。經過訓練的哥哥果然比弟弟早些開步走，但是等到弟弟十三個月時，他也學會走了，而且後來走得跟哥哥一樣好。

先前的練習固然可以使某種行為提前出現，但練習並沒有多大的幫助，時間到了，孩子成熟了，行為自然水到渠成地出現。腦神經發展的研究證實了這一點。父母根本不需要特別開發孩子的智力，只要給他正常的家庭環境，他的大腦就可以發育得很好；而且父母不要對孩子限制太多，不要給孩子設立太多的規矩和目標，要讓孩子任意探索。童年時越愛探索的孩子，長大後越聰明。因為他到處跑、到處玩的經驗，促進了大腦神經元的連接，而我們現在對智慧的新定義是神經元連接的密度。

家長也不要指望高級玩具可以讓孩子變得更聰明。最近有個研究發現，三歲時被判定為外向的孩子，十一歲時，學業、人際各方面的表現都比內向的好。這其實一點都不奇怪，內向的孩子是自己玩，而外向的孩子喜歡跟別人玩。對三歲的孩子來說，同年齡的玩伴是最好的玩具，遠遠超過昂貴的機器人或遙控車，因為後者的變化有限，而前者的變化無窮。無窮的變化會刺激神經元的發展，增加神經元之間的連接，而現在我們知道記憶、創造力、理解力就是同步發射的神經迴路。

瞭解到這些，我們就能認識到，「順其自然」四個字是最好的育兒真經。

當你順其自然時，孩子自然就會發揮他天生的長處，自然就會去做他拿手的事，做得好會促使他更喜歡做。這種正回饋會使他天生的長處很自然地顯現出來。有了自信，這個孩子才會有勇氣面對未來，才會成功。自信來自他人對你長時間的肯定，不是每天早上對著鏡子大叫三聲「我最棒，我最強，我最好」就可以達到的。

唐代柳宗元借種樹的郭橐駝之口說得好，要讓樹長得好，必須「其根欲舒，其培欲平，其土欲故，其築欲密」。種下去了，就要放平常心，耐心等著，不要時時挖起來看它長根了沒有，讓它在春風細雨中自然生長，它自然以茂盛的果實回報你。

現在很多孩子不快樂，因為他的興趣、長處不符合主流的趨勢，而被強壓抑了下來。更多時候他是忙著補習，做父母要他做的東西，看父母要他看的書，被動地生活學習，沒有時間瞭解自己的長處在哪裡。一旦孩子養成被動學習的習慣，再好的天賦、再好的智力，也無用武之地。

做為家長，請鬆開你的手，讓孩子盡情地翱翔，不要用人力強求，也不需用人力強求。

3 造命者天，立命者我

孩子的命運，操在教育者手中，命裡沒有的，教育裡有。

指紋能預測孩子的未來嗎？

在捷運上，看到一名小男孩安靜地看書，我忍不住誇獎了兩句。他母親非常得意地從皮包中抽出一份報告，說：「你看，他以後要得兩個博士呢！」我聽了異常驚訝，我在神經心理學這個領域工作三十年了，還沒有聽說有哪一種報告可以預測一個孩子未來可以得幾個博士的。這位母親見我不相信，便把報告塞給我看：「這是最新的指紋檢測，電腦做的呢！」

我一看，原來是一種類似性向測驗的報告，裡面描寫性格的語句模稜兩可，語焉不詳，但是推論未來的部分卻寫得很肯定、很大膽。

一名幼稚園年齡大小的孩子，一切尚在發展中，這個測驗是根據什麼來做此推論呢？一問之下，更不可思議了。原來是測孩子的指紋，將十根指頭的指紋輸入電腦後，電腦依指紋來判定腦紋，再推測孩子的性向與聰明智慧。這真是令人驚訝極了，兩個八竿子打不到一起的東西，竟然成了生命共同體。

望子成龍是人之常情，加上現代社會競爭激烈，許多父母對孩子的未來，以及前途是否光明等感到憂心；於是花錢預測孩子的性向、才能、體質、腦容量，甚至還相信可以測出孩子的壓力指數，預測這孩子以後會不會得憂鬱症，該送孩子去補英文還是補數學……好像這具腦波儀很神奇，可以馬上知道孩子的大腦現在怎麼工作，未來又會變成什麼樣的人。

人的心智是個非常複雜的行為，目前的腦波研究還沒有辦法從大腦所蒐集的電波來預測孩子的性格、能力等等。不可能像廣告中說的，貼上四個電極就可以得出這些預測來。孩子的未來更是基因和環境的交互作用，一具腦波儀是沒有這麼大的法力可以做到鐵口直斷的。

有些做指紋測試的從業者宣稱，他們的理論來自諾貝爾獎得主史培利（Roger Sperry）的研究，這一點也是不正確的。查遍所有史培利的論文，他從來沒有說過腦紋圖譜這回事。

史培利教授是加州理工學院的神經科學家，也是一九八一年諾貝爾生理醫學獎的得主，他在神經科學上的地位無人置疑，用他的名字來打商業招牌是個很聰明的做法。但他已於一九九四年過世了，所以不能出來為自己辯護；若是他知道自己在學術界崇高的名譽被人拿來做商業騙人廣告，大概會在墳墓中翻身。

史培利從來沒有說左右腦波與人格特質有關，我們要再重複一遍：腦波儀只能蒐集大腦中神經細胞活動的情形，人的心智是個非常複雜的行為，不可能只貼了幾個電極就能得出一大堆的解釋、預測。

目前在大腦科學或神經科學的研究上，沒有任何證據支持「指紋測腦紋」。在科學上，當一個人宣稱他的發現有某種預測能力時，他必須負舉證的責任。也就是說，他必須證明目前他用皮紋預測某種性向的孩子，長大後，個性定型時，性向測驗的結果的確如他所說的，他的預測才成立。沒有這些證據，連「偽」科學都談不上。

我們的指紋是每個人所獨有，每個人不一樣；我們的大腦也是每個人所獨有，每個人不一樣。但是兩者的相似處到此為止。在神經發展學上，兩者發展不同期，沒有任何的因果關係，指紋不能預測腦紋。

生辰、相貌對人的影響有多大？

前些日子，一名以前我教過的醫學院學生結婚，我去賀喜，發現他們同班的同學幾乎都沒有到席。原來第二天是農曆七月一日，也就是所謂的「開鬼門」，病患都搶著在「開鬼門」以前把刀開完，這些大夫忙得無法前來喝喜酒。有一名抽空來道喜的學生對我說，婦產科最忙，因為中國人不要孩子生在鬼月，所以都趕在六月三十日前剖腹產把孩子生出來。他們的病房客滿到走廊上加床，忙到恨不得腳下有溜冰鞋。我聽了簡直不能相信在人類已經登上月球的今天，我們還會這麼迷信，拿自己的身體來開玩笑。

首先，我反對無緣無故剖腹生產。目前醫學上已經知道自然生產對胎兒最好，因為胎兒在經過產道時，會把肺中的羊水擠出來，使嬰兒一出生就能自己呼吸；而且產道窄小，過程艱辛，為此，嬰兒的大腦分泌很多的兒茶酚胺，將身體其他部分的功能都關掉，只維持腦與心臟的血流量，將氧氣及養分送到大腦來。因此，縱然在產道中暫時缺氧，大腦也不會受傷。我們從剛出生的嬰兒血液中兒茶酚胺的濃度是原來的一百倍，就可以知道它的重要性。

最近有個研究，比較自然生產與剖腹生產，以及經過陣痛後才剖腹的嬰兒出生後的表現，結果發現自然生產的孩子反射反應、感覺反應及肌肉活動都比有陣痛又剖腹生產的好，而有陣痛的又比沒經過陣痛的好。

從對羊的實驗中也發現，子宮收縮可以促進羊胎兒大腦的發育，幫助神經突觸連接及促進神經外面包裹的髓鞘的形成。因此，現在很多醫生都認為產婦應該先經過早期陣痛再開刀比較好，因為子宮收縮能促進胎兒大腦發育。

其次，從科學上說並沒有哪一天才是良辰吉日，孩子只要能平安健康地出生，他的生日就是良辰吉日。瓜熟自然蒂落，在沒有充分瞭解大腦的功能與運作之前，任何人為的干預都是不智之舉，更何況科學上完全沒有任何證據支持「鬼月」出生的孩子命不好。我們看到有人不願孩子生在鬼月，又要趕在九月一日以前出生好早一年入學，硬是懷孕不到三十五週就剖腹生產，結果孩子太小，還不能自己呼吸，腦部缺氧過久，神經細胞死亡，造成小兒癲癇，一輩子都要服藥。

多年前，我曾請學生蒐集醫院每個月的死亡率，看有沒有「開鬼門」了，逝世的人就多，結果發現並沒有。我們也曾統計所謂生肖犯沖的人，在這一年的死亡率有沒有比較高，結果還是沒有。

民間還有所謂的專家自稱可以從孩子的耳朵形狀看出聰明與否，還說眼睛、眉毛、頭圍也可以預測孩子的大腦有多聰明。這些說法沒有科學根據，此類專家則純粹為騙人錢財。

有一名學生發現許多骨灰罈上附有照片，他依中國命相師所說的「人中短會短命」，仔細檢驗這些相片，他發現英年早逝的人並沒有人中特別短，許多人反而是天庭飽滿，耳垂厚長，屬於福相。

基本上，人的一切遺傳自父母，但是聰明才智除了基因的關係，還有後天環境的交互作用。因此，沒有人敢說父母聰明，孩子就一定聰明，同時「聰明」與「成大器」之間也不是等號。如果聰明智慧這麼容易從外表上就可以判定，又何必再做智力測驗？心理學上也就不會有一個領域專門在談智慧發展與學習的關係了。況且我們也不應該太相信聰明才智。從歷史上看，成功的人不一定是最聰明的人，但一定是最有毅力、最有領袖魅力的人。父母若有時間，不要相信沒有科學證據的道聽塗說，把時間放到孩子身上，教導他成為一個正直的人，他成功的機會遠比耳垂有多大來得多。

「科學算命」科學嗎？

算命基本上是將一個意思模糊、措詞模稜兩可的句子，靠著自己的對號入座，解釋成符合自己情境的意思。雖然人們已知算命的本質，但是很多人還會去算，主要是因為「對未來不確定性的恐懼」，它是緊張、壓力的來源，驅使人去求神問卜。

「算命」在中國是一種古老的「行業」，別以為它已淡出大眾的生活，如今它可是披上了科學的外衣，有捲土重來之勢。如腦波儀測性向、指紋測性向測未來等花樣，更離譜的是指紋還可以測量腦容量。

翻遍所有文獻，實在找不到任何支持指紋與腦容量與性向有關聯的說法。孩子的未來還是要靠他一步一腳印慢慢走出來。先知道他未來是龍是鳳只會帶給他更大的壓力，更何況一旦被判定為不成材，這孩子便連翻身的機會都沒有了。

很多人去算命時雖然抱著姑妄言之、姑妄聽之的心態，認為只是隨便聽聽，但是聽過之後，心中難免留下陰影，一遇到孩子考不好時，不由自主地朝壞的那邊解釋，最後便實現了算命者的預言。因此，為孩子算命是非常不智之舉。我們應該對自己的孩子有信心，相信他在自己細心的教導下，一定可以出人頭地。發明電燈泡、留聲機的愛迪生就是一個很好的例子。在學校、老師都放棄他之後，他的母親將他帶回家自己教育，造就出最偉大的發明家。

在人的知識已經可以做到複製自己的今天，請相信你對孩子的教養，不要相信他的皮紋。孩子的「黃金未來」不是算命算出來的。如果常帶孩子出去玩，多陪伴孩子，肯在孩子身上花時間，父母可以從中觀察到孩子的興趣，瞭解孩子的長處。此外還要常念書給他聽，讓他的想像力能夠飛越時空的限制，奔向無限。當他有好行為出現時，誇獎他，讓他對自己的能力有信心；當壞行為出現時，改正他，使他能分辨是非，去做符合他能力的事。讓孩子認識他所生活的自然環境，他的良好本性自然會發展出來。這樣養育的孩子，一方面精神愉快，活得長，可以把基因傳下去；另一方面，愉悅的面孔討人喜歡，討人喜歡的人會得到別人的幫助，正向回饋的結果會使他更成功！

美國南加大心理學的教授雷恩（Adrian Raine）博士報告了一個他在非洲模里西斯做的兒童健康計畫的成果。他們給一百名三到五歲的孩子「豐富」的生長環境，如額外的營養（牛奶、魚肝油）；每天兩個半小時額外的運動及額外的活動，如說故事給孩子聽、戶外教學，帶去參觀爸爸工作的工廠、磨坊、烘培坊等。等到這些孩子十一歲時，追蹤他們注意力的生理反應，如膚電反應及腦波，發現都比在一般的家庭中成長的一百名對照組孩子好很多。到他們十七歲及二十三歲時再做這兩組孩子比對，發現在反社會行為上有大不同，實驗組仍然好於對照組。

我們知道迷信就是相信不正確的因果關係，所以破除迷信最好的方法就是擁有正確的知識。

「知識就是力量」，當你有知識時，你不會惶惶不安。因為事情的發生有脈絡可循，它不再是神秘的天意。所以說，與其出門燒香，不如閉門讀書。增加你解釋因果關係的知識，才可不被欺騙、不被困擾、不被誤導，才不會留下終身遺恨。

外表的美貌固然是第一眼的吸引力，但是真正能維持良好人際關係的是人格特質和品性，所謂人脈其實就是人品。在我們搬回臺灣後，加州大學把我們以前的人事檔案轉來給我們做紀念，在裡面我看到了我先生的指導教授替他寫的推薦信，裡面有一句話很令我感動：「雖然他不高，但是當他一開口說話，你就會忘記他的身高。」我先生的個頭在美國算是矮的，但是他的老師沒有以身高取人，令我感動。

好「衣料」需要好「裁縫」

很多人都迷信腦袋大就天生聰明。如果孩子學習不好，就抱怨天生不是學習的料。

大腦和智慧當然有關係，但是關係不大，相關係數只有〇・三四。也就是說，只有百分之二十的智商可以歸因到腦體積的大小。這個相關性太低了，不足以預測一個人智慧的表現；更何況一個成功的人不一定是最聰明的人，耶魯大學的史登堡（Robert Sternberg）教授就寫了很多書來說明為什麼一個聰明的人會失敗。

愛因斯坦是公認的二十世紀的天才，他死後，大腦被特別分離出來保存，許多科學家都想從他的大腦上找出腦與智慧的關係。結果發現愛因斯坦的腦竟然沒有比別人的大，他的腦重一二三〇公克，比一般男性的一四〇〇公克少了一七〇公克，令許多人跌破了眼鏡。也有人比較了林肯、貝多芬、高斯（C. F. Gauss，著名數學家、天文學家及物理學家）的腦，發現也沒有特別大。可見腦容量大小與聰明才智相關性真的不高。

「資質」就像一塊布，要剪裁成什麼樣子，全靠後天的努力，料子的好壞只是影響你在縫衣時會輕鬆一點或費力一點而已。父母不該太過注重孩子有多聰明，而應將教孩子的重心放在品德、毅力上。一個成功的人往往不是這一群中最聰明的人，但一定是這群人中最勤奮、最有毅力、最鍥而不捨的人。

個性、能力來自先天還是後天？

前面提過哈佛大學的發展心理學家凱根曾經觀察四個月大的嬰兒，例如給他們聽一個很大的聲音，有的嬰兒會嚇得馬上大哭，有的嬰兒則會掉頭去看是什麼東西會發出這麼大的聲音。依活動的強度、對外界刺激的反應方式及脾氣（愛笑還是愛哭）將他們分類時，發現有百分之二十的嬰兒可以歸入害羞、膽小類，百分之四十的嬰兒是大膽、天不怕地不怕類，剩下的百分之四十則介於兩者中間。

這些孩子長到四歲時，只有百分之十仍然屬於原來的類別。這四年間，環境因素的介入改變了大部分嬰兒天生的脾性。

人的個性一部分來自父母的遺傳，一部分來自後天環境的薰陶。剛出生的嬰兒手紋、腳紋俱全，但是個性尚未定型，沒有人敢說他以後會是什麼樣的性格和能力。

如果能，父母也不必煞費周章地教育孩子，早早依他性向，送他去學適合他個性的手藝就好了。

美國國家衛生研究院的研究者曾經以猴子為對象，進行選擇性交配。如將害羞的猴子和害羞的猴子交配，得出特別溫馴膽怯的猴子；然後將膽怯的小猴子交給開朗、熱情的養母帶，結果發現這些小猴子的行為和牠們脊髓液中神經傳導物質的新陳代謝都改變了。小猴子變得沒有那麼害怕，大腦正腎上腺素的分泌也降低了。

也就是說，早期的經驗可以影響先天的傾向。因為經驗建立大腦神經迴路，而這些迴路正是我們的思想和看法，這些思想和看法又塑造我們的人格，影響我們的情緒，這是一個相互的交互作用。佛洛伊德說：「世界上沒有絕對的正常人，所有人都介於正常與病態之間的灰色地帶。」人的行為受到基因和環境的共同影響，而且是互為表裡的交互作用。雖然很多行為是要有生理的機制才會展現，但是這個展現還需要環境的啟動。語言就是很好的例子。雖然每個人天生都有說話的能力，但是孩子仍然需要生活在有語言的環境中才會發展出語言，如果離群索居，就沒有辦法自己發展出語言。

自從人類基因體解碼之後，許多過去口說無憑，純思辨的東西，現在有了實證的資料。科學家發現基因不是宿命，很多時候它會因環境刺激而改變。

在上述的實驗中，研究者發現神經質的小猴子給神經質的養母帶，長大會變成神經質的猴子，很容易緊張，不易跟其他猴子相處，是所謂的「社會適應不良」。當神經質的小母猴成年後有自己的孩子時，也是個不稱職的母親。但如果養母是隻冷靜正常的母猴，牠長大後會成為正常的猴子，甚至可以在社會階層爬得很高，表示牠懂得交朋友，利用別的猴子的支持，使自己得到更大的好處。

所以，雖然先天上有神經質的基因，但是只要後天環境是正常的，一樣可以長大成為冷靜、稱職的母親。

這個實驗讓我們看到：一個人的個性、性向，包括聰明才智在內，都是先天和後天共同的產物。過去都以為母愛是天性，現在發現居然和後天環境有很大的關係；如何做媽媽竟然是學來的，而不是繼承來的。

童年期的教育和關懷對孩子的人生產生重大影響，影響區域主要在海馬迴、胼胝體及額葉眼眶皮質（orbitofrontal cortex）的發育。我們看到：做為父母、做為孩子的養育者，手中操著孩子的「命運」。

人不是基因的傀儡

我們常在報上看到因感情被欺騙變成性變態的暴力殺人犯，或是童年時受到虐待，長大後成為反社會人格。我們同樣也看到很多人從惡劣的環境中脫穎而出，童年的磨難反而造就了他堅忍的性格，使他成功。為什麼有這麼大的差別？

有研究報告顯示：暴力家庭的孩子，將來成為暴力犯的機率比別人高。荷蘭有一個家庭的男性成員都是暴力犯，五十名家庭成員中已有九人被吊死，其餘的男性也有許多都被判死刑等著執行。研究者發現他們的基因有缺陷，缺少一種叫 MAOA（Monoamine oxidase A）的基因。這種情況似乎很恐怖，難道罪犯的孩子就是遺傳的罪犯嗎？事實當然不是這樣。許多研究證實，後天教育可以改變先天大腦結構，這方面的證據現在已經越來越多。

二〇〇三年十月的《科學人》雜誌就以「腦」為主題，講大腦的可塑性，讓我們看到了大腦自己修復的證據。父母知道後便能放寬心，因為不論孩子先天的資質如何，只要後天好好教育，孩子就至少有一半成功的希望。

很多犯罪是 MAOA 基因與環境互動的結果。MAOA 基因活動力很強的人，即使童年受虐也不會有反社會行為出現；MAOA基因活動力低的人，假如沒有被虐待，一般不會有反社會行為，但是如果受虐，往往會有反社會行為出現，如強暴、搶劫、攻擊等，而且機率比正常人高出四倍。

也就是說，受虐並不是構成反社會行為的必要條件，它還得搭配基因；而就算有犯罪基因，也不一定會犯罪，還必須有不良的環境啟動它。我們不是基因的傀儡，環境使得基因所攜帶的指令表現出來。

另一個登錄在基因上，但仍需要環境啟動的例子是動物對天敵的恐懼。

蛇是猴子的天敵。一隻在實驗室長大的小猴子是沒有看過蛇的，如果給牠看蛇，牠並不會害怕；但是只要把蛇與牠母親（或是任何一隻猴子）害怕的表情聯結一次，這隻小猴子以後看到蛇就會害怕了；如果把花朵與母猴害怕的臉一起配對，則不會引起小猴的害怕感覺。所以，雖然猴子有天生害怕蛇的本能（登錄在基因上），但是這個行為的「釋放」，還是需要後天環境的刺激（母親恐懼的表情）。反過來說，如果不瞭解動物的本性，基因中沒有這個行為，環境再刺激，行為也不會出現。

曾經有個廣告商想以浣熊把錢投到撲滿裡做儲蓄的廣告，心理學家用巴夫洛夫的

人為何「不患貧而患不均」？

在功能性核磁共振（fMRI）和腦磁波儀（MEG）等腦造影儀器發明之後，我們可以在活人大腦中看到人怎麼作決策，有沒有說謊，怎麼處理悲歡離合的感情問題。過去看不見、摸不著的心智結構，如道德信念、意圖、喜好，甚至意識，現在都漸漸在大腦中看到了；過去的黑盒子，一點一點地打開了。

中國人說：「人爭一口氣，佛爭一炷香。」這句俗話，如今在心理學實驗上已獲得證實。

有個研究很有趣，實驗者給甲一百元，請他隨意跟乙分享，多少不拘。假如乙嫌不夠拒絕接受，這時甲的錢就被實驗者收回，兩人都沒有；但是假如乙接受甲的饋贈，那麼甲的錢就是一百元減去給乙的錢。例如，甲給乙三十元，那麼甲自己就拿七十元。就自我利益來說，不論甲分給乙多少錢，乙都應該接受，就算只有一元，也比完全沒有好。但是實驗結果並非如此，只要乙覺得甲不公平，看不起他，就寧可大家都沒有。也就是說，乙心中一旦覺得不爽，就寧可自己沒有，至少也要讓甲沒有。實驗發現，只要甲饋贈乙的錢少於甲的五分之一，就有百分之七十六的人會拒絕；如果給乙的錢超過三分之一，就有百分之六十七的人願意接受。

實驗者在受試者決策時掃描他的大腦，發現受試者大腦的背側前額葉皮質（dorso-lateral prefrontal cortex）大量活化，顯示認知在控制感情的衝動。假如這時用低頻率跨顱磁刺激（TMS）去中斷右邊背側前額葉皮質神經的活動，那麼，受試者就願意接受不公平的待遇，而且儘管心中覺得不公平，他還是會接受，即意念與行為分開了。

更有趣的現象是，假如甲是電腦而不是真正的人時，乙就願意接受電腦隨機分給他的任何錢，即使少於五分之一也沒關係。可見問題不是在錢，而是在感覺公不公平上。神經科學家很早就知道人不是理性的動物，而是感情動物，但是用實驗這麼清楚地看到，還是頭一次。

古典制約訓練了好久都沒有成功。浣熊手中拿著錢幣把玩，在罐子邊上摩擦，就是不肯投入撲滿中。後來才發現，浣熊野外進食的特性是把玩良久，搓來搓去，在水中洗來洗去，最後才放入口中。

大自然透過基因來表現，先天透過後天來運作。基因不會使你比較聰明，只能使你比較喜歡學習某些東西，學得比較輕鬆而已。各國都有「一分天才，九分努力」

「臺上一分鐘，臺下十年功」的成語，但許多人仍然迷信基因，而忽略成功背後的練習與辛苦。畢卡索是上個世紀最偉大的畫家，他那中間不曾中斷，從頭到尾只有一筆的畫，畫得又快又傳神，人人都認為他是天才；但是去到西班牙美術館會看到，一個簡單牛頭的後面是千百次的練習。

在現實生活中，同卵雙胞胎一個很有成就、另一個默默無聞的例子比比皆是，我們不可以迷信基因萬能。

在自然界，除了極少數疾病之外，很少行為是單一基因的結果，越是高認知功能的行為，牽涉到的基因越多。許多人都認為說話是人類的本能，即便是基因的關係，人會說話還是需要後天環境來啟動他大腦中先天設定的機制。

基因和環境不斷進行交互作用，既是我們行為啟動的因，也是我們行為造成的果。因此，不論孩子遺傳到的是什麼樣的基因，環境至少有百分之五十的機率使他成為你心目中希望的孩子。「造命者天，立命者我」，經營一個幸福的家庭，提供一個溫馨安全的生長環境，是你可以給孩子的最好禮物。

4 電視不是孩子的好夥伴

父母首先要少看電視，關掉電視，讀書給你的孩子聽。用正面取代負面，用美好洗滌邪惡。

恐怖影像，兒童不宜

最近在報上看到，有名小學一年級的老師在班上放了吳道子所繪地獄圖的影片，造成孩子無緣無故大哭、晚上做噩夢、不敢一個人睡、夜裡不敢起來上廁所等情緒創傷的症狀出現。報上刊載，校長說「只有一次」，意思是說沒有關係，只播了一次而已。但是，強烈刺激一次就夠了！它甚至可以穿越失憶症的厚牆，使失憶症者記住核心事件。

一九六二年，美國有一名年輕的海軍上尉在練習西洋劍時，不小心被對手的劍刺入眉心，掌管學習記憶的海馬迴受到破壞，得了失憶症，後來他連鏡子中的自己都不認得。但是一九六三年十一月二十二日，美國總統甘迺迪遇刺身亡的事情強烈地刺激了他，當他在電視上看到這樁悲劇時，當場震驚得說不出話，淚流滿面。後來，他每一年的十一月二十二日都會去醫院的病患休閒室看電視，每次看，每次流淚。

連得了失憶症的人在受到強烈刺激時都會有如此驚人的反應，可見強烈的情緒一次就足以對孩子造成傷害，恐怖鏡頭一次也不該給孩子看。實驗已經證明，恐懼不一定要親身體驗也會造成傷害。

有人做過這樣一個實驗：先請受試者躺在核磁共振儀中看一支短片，實驗者告訴他「等一下你就要做同樣的事」。片中的男子手被綁在儀器上，當電腦螢幕出現某個幾何圖形時，短片中這個人就會被電擊，臉上露出痛苦的表情。影片播完後，受試者就開始做這個實驗，但被告知幾何圖形出現時不一定有電擊，它的機率由電腦隨機安排（電擊其實從不曾出現，只是讓受試者誤以為會出現而已）。實驗者比較受試者在看短片和等待自己電擊時大腦的圖片，結果發現，看別人被電擊和預期自己被電擊，大腦活化的地方是一樣的。

難怪我們有「殺雞儆猴」「殺一儆百」的成語，古人沒有看到大腦內的情形，卻從經驗上知道它的效果是一樣的。所以小學老師給一年級孩子看地獄圖是錯誤的，就算學生沒有親身經歷拔舌的地獄，看DVD的效果也是一樣的；因此不能說只是給孩子看視頻，又沒有叫他親身嘗試，沒有關係。其實這不但有關係，而且大有關係。

孩子的想像力豐富，有時想像的恐懼比實際的還要強烈。我小時候，媽媽向鄰居借了一本《湘西趕屍記》，她隨手放在縫紉機上，但是封面可怕的僵屍嚇到了我，從此我不論白天或晚上都不敢單獨經過縫紉機那個角落，如果一定要過，就很快地跑過去。我對童年的記憶不多，這件事卻印象深刻，而且連帶對縫紉機也很恐懼，始終學不會踩縫紉機。

每個孩子對恐怖刺激的反應不相同，同一張恐怖圖片，有的孩子看了沒感覺，有的會嚇到尿床，這是先天脾氣個性的關係；但是只要有孩子不想看，老師就不能勉強全班都要看，更不能說是學生要求的。學生才小學一年級，怎麼知道有地獄圖這個東西呢？

希望以後師資培訓時能多一點兒童大腦發展與情緒關係的課程，讓老師知道，傷害不因無心而減少後果。

暴力卡通造就暴力小子

一位朋友因先生被人追債，便把兩名年幼的孩子放到鄉下交給公公婆婆帶，自己到先生的公司上班，精減人力。當她還清債務，把孩子接回來時，卻發現孩子行為已有偏差，很難管教。孩子在公婆家的大部分時間都在看電視，學會很多電視上的不良語言和行為。她不能接受，但因為一個已經小學四年級，另一個小學二年級了，不知是否還來得及改變，所以來找我商量。

很多父母都貪圖方便，打開電視給孩子看，自己去忙別的事，孩子只要不吵就好。殊不知電視最大的壞處就是讓小孩有樣學樣，如果沒有大人在旁解釋行為的對錯，孩子常會認同電視上的人物，常把錯誤行為當做是可被認可的行為。

多年前，美國衛生總署委託美國國家衛生研究院，請八位全國著名的教授就媒體暴力對青少年的影響，完成了一份專業報告：《媒體暴力對青少年的影響》。研究者發現，內容含有暴力的電視卡通、新聞及電玩遊戲，對年齡越小的孩子影響越大。

這個影響可以分長期和短期。短期效應的實驗做法是，先給一群五到六歲的小朋友看暴力或是非暴力的卡通，然後請兩位不知情的心理學家觀察兩組孩子在遊戲時，推、擠、肢體接觸的情形。結果發現，觀看暴力卡通組的孩子，肢體衝突情形比較嚴重。另一個研究是讓三五六名七到九歲的孩子在打冰上曲棍球前先看一場暴力或非暴力的電影，結果發現，看暴力電影的那一組在比賽時犯規的動作比較多。如果電影中施暴者拿著對講機，而在冰上曲棍球比賽中，也特意安排一名裁判拿著對講機，看暴力電影的那一組學生，會比其他組學生做出更多的暴力行為。

另一個實驗是在少年感化院中給孩子們看暴力或非暴力的電影，結果發現即使在感化院中知道暴力行為是被禁止的孩子，在看到暴力電影後仍然做出比較多的暴力行為。研究者發現這些暴力電影並不需要血淋淋的鏡頭，即便是拳擊比賽，就足以引發出孩子不同程度的攻擊性及增加對暴力的容忍度。看過暴力電影的孩子在看到別人打架時，一般不會去報告老師，或求助大人出面來制止暴力。

至於長期的效應就更讓人擔憂了。在一九六〇年代，研究者先訪談了紐約州八五六名八歲的兒童，十年後，在他們高中畢業時又做了一次訪談，結果發現成年後的攻擊性仍然與他們童年時看暴力電視的多寡高度相關。

另一個實驗則是在美國及另外四個國家，從電視機出現的早晚，來檢視中產階級孩子看電視的多寡與暴力行為的關係。他們對六到八歲及八到十一歲的孩子，連續三年，每一年都做攻擊性的評量。十五年後，等這些孩子都長大了，再檢查他們的暴力傾向指數。經訪談本人、配偶及朋友，再將這份資料與十五年前的問卷相對照，結果發現越早接觸到電視暴力的孩子，成年後暴力傾向的分數就越高，一般會動手打配偶，男女生雖然動手的比例不同，但都會打人。

過去我們就知道，孩子在看完暴力節目後，暴力行為有立即增加的傾向，而這篇論文讓我們看到，即使隔了十五年仍然會有影響。這說明暴力的因子已經潛移默化到孩子的性情中，真是一個非常值得警惕的資訊。

上述的研究因為都控制了被調查者的社會經濟地位、智商、父母管教方式及營養情形等變項，所以這些顯著差異比較能歸因到接觸電視的早晚及電視中暴力成分的關係。

電視是個壞保母

模仿是最原始的學習方式。在靈長類及人類的研究中都發現，幼猴及幼兒天生具有模仿所見事物的本能。

出生才四十一分鐘的嬰兒，就能模仿實驗者吐舌頭、把嘴張成圓形等動作。如果這些模仿是本能，大人就必須隨時教導他們哪些行為可以模仿、哪些不可以。也就是說，父母必須知道孩子每天接觸到的模仿樣本。

圖書內容家長可以控制，電視內容卻控制不了。青春期前是孩子人格成長的重要時期，這個時期的學習多半是「無意學習」，也就是所謂的「內隱學習」，即孩子在不知不覺中，將生活周遭的資訊內化為以後生存的知識。

人的神經元有一個很重要的機制便是「習慣化」，神經元對一直出現的同樣刺激會不做反應，如「入鮑魚之肆，久而不聞其臭」。這原是有機體求生存的必要措施，使大腦得以將資源轉去應付陌生、可能有危險的刺激；但是在兒童的暴力接受度上，這個習慣化會使兒童對血腥鏡頭習以為常，見怪不怪，不覺得恐怖、殘忍。

同時，電視是虛擬的情境，人死了可以再生，尤其是卡通，壞人永遠是跌下樓立刻爬起來繼續使壞。這會使孩子產生錯誤的觀念，認為這樣做沒有關係，大不了重新來過，卻不瞭解生命是不可逆轉的，人死也不能復生。

孩子小時，如果沒有大人在旁解釋這些行為是不正確的，他們就很容易受到媒體節目的影響而跟著做，會把觀眾對粗鄙行為的笑聲當做鼓勵。五歲以下的兒童因為價值觀尚未成熟，無法分辨是非，電視對他們的影響就特別大。

一九九二年，美國一份調查顯示，孩子在小學畢業之前已經在電視上看過大約八千次謀殺及十萬次以上的其他暴力行為，這是非常驚人的數字。教育部二〇〇六年公佈的一份校園暴力數字顯示，在一年之中，傷害嚴重到必須向上級申報的案件，就有六二四件之多。其中以鬥毆受傷的人數最多，有四三二人受傷，這還不包括飆車族的暴力行為。顯然青少年的好勇鬥狠越來越嚴重，我們已經越來越走向暴力的社會。

現在，電視已無孔不入、防不勝防，父母應該團結起來，迫使電視臺減少暴力的新聞報導及影片播放。最好最快的辦法是從家庭中做起，採取自救之道。父母首先要少看電視，關掉電視，讀書給孩子聽。用正面擠掉負面，用美好洗滌邪惡。

糾正一種行為最好的方式，是用一種可被接受的行為去取代原有的壞行為。改變一種行為比建立一種行為辛苦十倍，但是亡羊補牢，永遠不會太晚。

5 孩子的大腦怕受「軟傷」

強大的壓力會永久性地改變青少年的大腦結構，影響這些孩子以後的學習和記憶。愛和安全感是孩子成長的第一要素。

今天的受虐兒，明日的施虐者

中國人說「虎毒不食子」，從之前發生的親生父母凌虐幼兒致死的事件看來，這句話竟是錯的；因為下毒手把孩子丟到鍋中煮的、打斷掃帚柄的竟然都是親生父母，真是駭人聽聞。不可思議之餘我們要問，為什麼現在有這麼多的虐童案？

比人類低等的動物都有惻隱之心，打敗的動物只要做出臣服的姿勢跪下來，脖子伸長「引頸待戮」，對方就會放牠一馬，為什麼人會對沒有自衛能力的親生孩子下這麼狠的毒手？

美國威斯康辛大學的哈洛（Harry Harlow）教授將小猴子一出生就與母親隔離，給牠一個絨布做的媽媽，一個鐵絲網做的媽媽。絨布有溫暖，身上沒有奶瓶；鐵絲網冰冷，但身上有個奶瓶，小猴子可以吸吮。結果發現，小猴子幾乎所有時間都抱著絨布媽媽，只有肚子餓時才會去鐵絲網媽媽那邊，一吃完又馬上回到絨布媽媽身上。如果給牠新奇的玩具，牠會一隻腳鉤著絨布媽媽的身體，盡量往前延伸自己的身體以便摸到玩具，非常沒有安全感。這些小猴子長大後，實驗者發現牠們不能正常地交配。用人工授精的方式讓牠們懷孕之後，牠們會把親生孩子虐待致死；而且施虐的方式非常殘忍，用嘴咬、用手撕、把小猴從籠子頂上往下摔，手法也是令人匪夷所思。

從研究上我們知道，出自暴力家庭的孩子，成為暴力犯的機率比一般人高百分之二十九，受虐兒長大會成為施虐者。

最近科學家利用核磁共振看到了童年的受虐不只是烙下心理痕跡，還會改變大腦的結構。科學家在受虐兒的大腦中發現掌管記憶的海馬迴比一般人小，連接兩個腦半球的胼胝體比別人薄，連小腦蚓部的血流量都比別人少。他認為這影響了左、右腦的整合，因此他們的情緒常不穩定，一點小事就大發脾氣。

暴力雖有基因上的關聯，後天環境對暴力也有潛移默化的影響。

一個孩子從小在家裡看到父母用拳頭解決事情，或在學校中被老師羞辱及體罰，這些負面的經驗會使他在潛意識中，認為打人是可以的：我父母都打人，我的老師和校長都打人。將來遇到挫折時，想都不用想，手就伸出去打人了。

研究者發現受虐兒對憤怒的表情要敏感得多，辨識得也很快，只要有百分之四十憤怒的成分在內，他們就立刻認為這是一張憤怒的臉，然而正常兒童要到百分之七十以上才認為這是一張憤怒的臉。家庭暴力會改變孩子大腦對憤怒表情的知覺，大人臉上的表情一變凶，孩子大腦的杏仁核便快速活化，這時他累積的負面情緒會大量分泌正腎上腺素，使他心跳加快，手心冒冷汗，血液集中到四肢準備逃命。

他們對環境中很細微的憤怒線索特別敏感，使得他們在學校中不善與人交往。研究發現，人的大腦不能一直停留在危機處理的狀態中，這會殺死大腦海馬迴的神經細胞，使記憶衰退。正腎上腺素還會使前額葉與杏仁核的連接更敏感，因為前額葉掌管對外界資訊的解釋，一旦前額葉過度解釋，便會把別人的微笑解釋成冷笑，把別人的善意解釋成惡意，就會產生「自衛性」的暴力行為。

受虐兒變成施虐者是個可怕的惡性循環，一定要遏止。因此公權力對家暴事件一定要介入，不可再說「清官難斷家務事」了。如果我們再不採取行動保護這些受虐兒，二十年後，在大街小巷搶你皮包、取你性命的，可能就是這些當年被父母、你我、社會忽略的孩子。現在不管，將來就得付出沉重的社會成本。

看到現在的國中生在微波爐中烤小狗，把小狗的嘴巴用鐵線綁住，活活餓死牠，或用橡皮筋綁住牠的生殖器，使它壞死……這些恐怖的殘忍行為已不是「孩子不懂事」或「一時好玩」能解釋的。它是冰山一角，是我們家庭瓦解、社會喪失功能的嚴重警示。

以前聽人家說「有快樂的孩子才會有快樂的國民」，都覺得是俗不可耐的老套，現在在大腦中看到「大腦產生觀念，觀念引導行為，行為改變大腦」的正回饋迴路後，我們對孩子的行為真的要謹慎了。當我們看到不正常的環境會導致大腦不正常地發展，而這個不正常又會造就出更多不正常的行為時，我們怎麼能夠坐視這些慘劇每天發生，而不趕快拿出補救方法呢？

永遠的羅馬尼亞之殤

童年缺乏親情的後遺症，可以從羅馬尼亞孤兒院的例子中窺知一二。

羅馬尼亞在二次大戰後人口銳減，政府為了快速增加生產力，規定每名生育年齡的婦女至少要生四個孩子，否則需納稅。但是很多人生養不起，政府便蓋國家教養院（其實是孤兒院）收容這些被迫出生的可憐孩子。這個沒有人性的錯誤政策，造成六萬四千名嬰兒一出生便離開父母，住進公立教養院。這些孩子不但缺乏親情，連人影都看不見，一天有二十二小時單獨躺在小床上，沒有人理睬，只有換尿布時才有人來，保母與嬰兒的比例是1：10，三歲以後的比例是1：20。

後來羅馬尼亞經濟崩盤，政府允許西方國家收養這些孤兒，結果發現這些孩子的行為都不正常。他們的行為跟一出生就與母猴分離的小猴子非常相似：獨自坐在角落，不停地前後搖晃、撞牆（所謂的自我刺激行為），對陌生人沒有恐懼感，智商偏低，行為偏差。他們在正常家庭生活了五年後，行為都沒有改善。最後送去底特律兒童醫院做正子斷層掃描的檢查，結果發現，抑制自己不要做不對行為的前額葉眼眶皮質，管記憶和情緒的海馬迴和杏仁核、顳葉外側及腦幹都不正常。

大腦是個動態的組織結構，杏仁核、海馬迴的不正常發展，會影響很多的認知發展。越小的時候杏仁核和海馬迴受損，越會造成社會行為的缺失。

那些從小被隔離長大的猴子，永遠處在猴子社會階層的最下端。牠們皮質神經元的連接稀疏，行為神經質，走路蹣跚不穩，研究者甚至發現，牠們連叫聲都不正常。

很多父母不瞭解嬰兒期情緒發展的重要性，常以為他們還小，沒有記憶，把他們二十四小時托嬰，週末才抱回來看一下；又因為這個時期的孩子沒有自衛能力，往往變成父母爭吵的出氣筒，隨意打罵，甚至有活活被餓死的例子。密西根兒童醫院的柴加尼（Harry Chugani）醫生說，嬰兒期情緒結構的不正常發展，造成後來社會行為的不正常表現。

許多人想要孩子而要不到，有孩子的人應該感恩。在孩子童年時就要給他一個溫暖的家，不要以為把他放到幼稚園就萬事大吉了。愛和安全感是孩子成長的第一要素，所有的大人都應多關心一下你周遭的孩子。

「壓力」不是動力，是破壞力

自由對一個人的生命成長有多重要？

猴子的社群是階層性社會，猴王可以任意毆打小猴子，使小猴子每天生活在水深火熱之中，動輒得咎。實驗者把剛出生的小猴子與猴王關在一起才六個月，相較於控制組，牠的神經元就顯著地萎縮了。後來用老鼠做實驗，這些老鼠比猴子幸運，牠們不曾被打罵，只是一天六小時套上網袋，限制牠們身體的活動，但是頭露在外面，吃喝隨意，只是不准動，相較於控制組，神經元的突觸及樹狀突也都萎縮了很多。

這些研究發現：強大的壓力會永久性地改變青少年的大腦結構，影響這些孩子以後的學習和記憶，而且青少年時期受到的壓力傷害比童年時期的更嚴重。心靈上不自由的感覺可以影響神經元的發育，連心智不是這麼發達的老鼠都如此，更不要說人類了。

很多大人都認為自己是為了孩子好，才要花力氣管教他，但是不當的管教，如威脅孩子「不聽我的話，我就不愛你」，開口閉口都是「不准……」，這樣會使負面效果更大。超越孩子的能力範圍就是壓力，父母不要把自己做不到的事投射到孩子身上，造成他的壓力；也不要遷怒孩子，把孩子當出氣筒。孩子是我們生命的延續，應該疼惜他、愛護他。

最近的調查發現，國中以上的人，五個中有一個曾經想過自殺。現在很多孩子不

悲觀為什麼沒有被演化淘汰？

既然人的演化都是為了自我保存，為什麼能導致自殺的悲觀和憂鬱沒有被演化所淘汰？悲觀對現代人最大的壞處是它會影響我們的免疫系統，降低免疫功能。但是它會被演化留下來，就表示這種特性在現代化社會中也不是全然無用的。悲觀有什麼功能使演化偏好它這一面？

從人類的歷史來看，我們的祖先經歷了冰河時期惡劣的氣候和災難，還要一直面對旱災、水災和饑荒，所以留下來的人都要有能看到事物黑暗性一面的能力，能未雨綢繆。很多實驗顯示，悲觀的人雖然比較消極，但也比較有智慧，他們可以準確地判斷自己的控制權，對不好事件的記憶比較精確，使自己以後不再犯同樣的錯誤。

塞利格曼（Martin Seligman）教授稱這種人為「職業悲觀者」，這些人不是徹底悲觀，他們只是偏向於悲觀，做事謹慎小心而已。如公司的掌舵人通常有這種性格。研究發現，董事會的成員在測驗分數上偏向悲觀，他們平衡了企劃、市場行銷者的樂觀，使公司得以穩步前進。

事實上，人類一直是在這種樂觀–悲觀的矛盾中進化的。人類如果沒有樂觀的幻覺，怎麼可能生存得下去？春天插秧要到秋天才能收成，樂觀讓人能等待。如果沒有悲觀，也很難生存延續，悲觀讓人能平衡過度樂觀可能帶來的問題，學會迴避某些風險。

快樂，因為他的興趣、長處不符合主流的趨勢，而被強壓抑了下來。很多時候他是忙著補習，玩父母要他玩的東西，念父母要他念的書，被動地過日子，沒有時間瞭解自己的長處在哪裡。

學習是種習慣，當孩子養成被動學習的習慣後，再好的天賦、再大的腦力也就無用武之地了。

語言暴力比棍棒更傷孩子

在火車上，一位媽媽不停地罵她的小孩，好像是參加什麼比賽落選了，因為我聽到她說「連這個也不會，笨死了」「你永遠成不了大器」「你為什麼不能多像弟弟一點」。當賣便當的走過來時，孩子怯怯地問：「可不可以買便當？」母親大聲地說：「考那麼爛還敢吃便當？」孩子立刻低下頭去，不敢再多說，我看了很不忍心。

在實驗上，我們看到語言暴力會改變大腦神經的連接，影響大腦的發展和功能。哈佛大學醫學院的研究者比較了五十一名受虐兒和九十七名正常兒童的大腦，他發現，語言暴力的受虐兒，其小腦蚓部不正常。小腦蚓部是維持情緒平衡的地方，受環境的影響比基因來得大，它的異常會影響情緒的正常發展。

我們看到小時候受冷落、被忽略，或遭語言暴力嘲笑或辱罵的孩子，長大後多半焦慮不安、有暴力傾向、自尊心低落，而且沒有同情心，對別人的痛苦無動於衷。這種個性不會受別人喜歡，而被排斥的挫折感更加深他的憤世嫉俗，最後就成了反社會人格。

後天的經驗會與大腦交互作用，改變神經迴路的連接，影響一個人的人生觀。一個悲觀的人人生是灰色的、痛苦的，因此，父母教導孩子的方式不可偏激，更不可冷嘲熱諷。語言暴力的傷害比肉體直接受到傷害更長久，身上的疤痕都褪去了，心頭的傷口還在淌血。心理學家用「烙印」這個詞真是很對，父母師長的辱罵會烙在孩子心頭一輩子。孩子小的時候，不適合用激將法。父母以為逼學習成績是為了他好，其實反而是在害他。

精神健康基金會曾在臺北青少年育樂中心舉辦「腦與情緒」的巡迴展，我去做導覽時才知道臺灣有這麼多不快樂的人，有的人已經從憂鬱症中走出來了，有的人還在掙扎中。大多數憂鬱症患者，病根都在童年受到的精神虐待上。

科學證據已經告訴我們，惡性打罵會使得孩子心智不健全。父母不妨想一想，一個心智不健全的孩子，就算考了一百分，對他的將來又有什麼用呢？

在你否定他、罵他「連石頭都比你聰明」前，請先停下來想一下，他真的有這麼糟嗎？如果他會幫你的忙，很乖巧，能替你分憂解悶，就請你不要罵他！

虐待除了惡性打罵，還包括忽略、不理睬、排斥、不照顧、限制行動自由等損害行為。做父母、做老師的應反觀一下自己，是否在無意識中，是否在「為孩子將來好」的「美好」意願中，如此對待孩子，既毀了孩子的現在，也讓孩子沒有了「將來」。

6

運動是個寶，健身更健腦

運動一方面使人心情愉快，另一方面增加大腦的血液流動，促進海馬迴神經營養因子基因的表現，幫助記憶。

運動為何能提高學習成績

有一個實驗清楚地說明了運動與學習的關係。

芝加哥附近有一所中學實施零時體育計畫，即在沒正式上課之前，讓學生早一點到校，跑步、做運動，要運動到學生的心跳達到最高值或最大攝氧量的百分之七十，才開始上課。

一開始時家長都反對，孩子本來就不願早起上學，再去操場跑幾圈，豈不一進教室就打瞌睡？結果發現正好相反，學生反而更清醒，上課的氣氛變好，記憶力、專注力都增強了。

原來我們在運動時會產生多巴胺、血清素和正腎上腺素，這三種神經傳導物質都和學習有關。多巴胺是種正向的情緒物質，人要快樂，大腦中一定要有多巴胺，我們的快樂中心伏隔核裡面都是多巴胺的受體。我們看到運動完的人心情都愉快，打完球的孩子精神都亢奮，脾氣都很好。

血清素和我們的情緒和記憶有直接的關係。血清素增加，記憶力變好，學習的效果也更好了。很多抗憂鬱藥都是阻擋大腦中血清素的回收，以使大腦中的血清素比較多。正腎上腺素與注意力有直接的關係，它在面對敵人決定要戰或要逃時分泌得最多。正腎上腺素使孩子的專注力增強。所以學生心情愉快、上課專心，記得快、學得好，自信心與自尊心也提升了。

他們還做了一個實驗，將學生最不喜歡、最頭痛的課，如數學，排在上午第二節或下午第八節時上，結果發現上午那一組的學習比較好，好到兩倍以上。因為運動完的神經傳導物質在上午第二節課時還在大腦裡，但是到下午時就消耗殆盡了。

一學期下來，這組學生的閱讀、理解能力比正規上體育課的學生高出百分之十，打架事件也減少了。在全美百分之三十的人過胖時，他們學校只有百分之三。這些資料開始讓美國的父母看到運動對孩子的學習和行為的幫助，於是不再反對零時體育計畫，反而早早地把孩子送到學校運動。現在美國已有很多州在推動這項零時體能運動。

研究者也發現在史丹佛成就測驗（Stanford Achievement Test）中，那些體能好的學生數學勝過全體的百分之六十七，英文勝過全體的百分之四十五。二〇〇四年由小兒科醫生、認知科學家等組合而成的團隊對學生健康做了一次評估，發現一週只要運動三到五次，每次三十到四十五分鐘，就能大大提升孩子記憶、注意力和教室行為的正向效果。

看到運動對學生學習和行為的好處，學校體育課節數不但不該減少，還應該增加才對，我們應該讓孩子用最自然的方式提升他的體能與學習效果。

運動是壞情緒的宣洩管道

孩子的攻擊性，需要透過教育來引導、昇華為正面行為。除了良善行為的認同學習，多運動是很好的宣洩管道，能讓大腦分泌多巴胺，使孩子擁有正向的情緒。

很多父母覺得奇怪，他的孩子從小捧在手心長大，不曾被打，也不曾看過別人被打，為什麼進了托兒所、幼稚園後會動手打人？他從來沒有模仿的對象，這個暴力的動作是從哪裡來的？這是個好問題。

模仿的確是最原始的學習，既然沒有模仿對象，為什麼會有這個行為出現呢？原來，它是從我們祖先——動物——身上來的。動物在世界上生存有一個重要的任務，就是把基因傳下去。為了傳基因，需要交配，所以佛洛伊德說「性是本能」。我們也的確看到每種動物都有自己種族獨特的求偶交配方式，沒有人教都自然會，連關在籠子裡長大，不曾見過其他同類的動物，見到異性，也會立刻展開求偶儀式，所以性是動物的本能。

為了達到這個「性」的目的，必須同時有另一種本能，就是攻擊性——擊退情敵，獨享交配權。在資源匱乏、「僧多粥少」的大自然裡，攻擊性是我們祖先確保基因傳下去的重要本能，如鳥類的唱歌和領域防衛，就是為了把基因傳下去而發展出來的獨特行為。每年春天，公鳥在確定了牠的勢力範圍後，就開始在枝頭唱歌，招攬異性。歌聲越婉轉嘹亮，表示牠的身體越強壯，生殖能力越強，以此昭告母鳥：嫁給我，你的下一代會是最強的。

母鳥一般比較會為下一代打算，牠在決定終身之前，會先確定下一代有食物、有保護、不會凍餓，可以安穩長大。公鳥當然也很曉得這個輕重，所以牠會先找好地盤，把勢力範圍展示給母鳥看，請母鳥決定。凡是牠認定為自己的領域，別的鳥侵入時，牠就會發出尖銳的警告叫聲，俯衝下去將敵人趕走。

我們以前做實驗時，曾經劃出舊金山雙峰（Twin Peak）白冠麻雀的勢力範圍，發現每隻鳥的勢力範圍不同，呈不規則狀，依那塊地的食物資源（蟲類）多寡而定，也依牠預備生多少孩子而定（年頭不好，如加州乾旱時，鳥類下的蛋就少）。鳥類在保護牠的勢力範圍時，是非常兇狠的，所以暴力和攻擊性是為了生殖和生存，在演化上變成我們的本能。

我們從一名左腦前區受傷的病患身上看到，原本溫文儒雅的紳士，因為左腦失去抑制右腦的能力，使得他的動物本性脫韁而出，變成色情狂、暴力狂，家人避之唯恐不及，完全變了一個人樣，因為性和暴力的本能掌控了他的行為。

對於這種動物本性，在人類征服了大自然，進入農業社會後，變得非常不好用，只好用道德和法律的力量規範它。因為要改變一種行為，最好的方式是從心中認同做起，從小用教育的方式來昇華人的動物本性，所以馬克吐溫才會說「花椰菜是受過教育的包心菜」（Cauliflower is nothing but with a college education.）。教育的目的是為了超越動物的本性，方法是將這些野性變成公平競爭的運動技能，在合理的條件下發洩、紓解出來。

瞭解人的暴力、攻擊性的來源後，我們應該盡力推行體育，讓暴力有適當的發洩管道。運動會促使大腦分泌多巴胺，這個多巴胺促進我們的正向情緒，使我們不易得憂鬱症。運動還能加強團隊合作的默契，因為二十一世紀又回到了我們祖先生存的方式——用團隊的力量求生存，去併購別的公司或與別的公司競爭，不再像以前一樣單打獨鬥了。

我們一向不注重體育，常把體育課調去補英文或數學，殊不知希臘人早在兩千年前就看到體育的重要性，他們的孩子十六歲以前最注重的便是體育。有了強健的身體，知識才有意義；失去健康和生命的話，再多的知識都無用武之地。

剝奪運動就是剝奪成長

朋友的孩子寫了一封很長的信，向我訴說國中三年級的痛苦。諸多痛苦中，最令他不能忍受的是學校挪用體育課去趕學習進度，母親不准他放學後留在學校打籃球，要他節省體力念書。他說「剝奪了他生命的唯一樂趣」，因此他不知道為什麼每天還要睜開眼睛。

我發現很多父母都有這種迷思，以為運動是浪費時間和體力，其實，運動與智慧有直接關係。有個實驗研究五百名學生運動和學業成績的關係，發現每天上一個小時體育課的孩子在考試成績上比較好。大學生參加運動計畫後，學業成績也上升了。連五十歲的中年人在參加四個月的走路計畫後，心智的表現也比四個月前提升了百分之十。另一個實驗對象是六十五歲的老人，也得到同樣的結果。

科學家很早就知道運動與情緒有關。運動可以抑制大腦中杏仁核的活化，阻止負面情緒的出現，打完球的人情緒都很亢奮，不會憂鬱。實驗者用老鼠來探究原因，發現運動時氧的大量消耗會促使血液循環加快，這個氧的需求增加了肌肉微血管血液的數量，使肌肉可以運動得更久。大腦也是一樣，血液流動得越快，就能運送越多的帶氧血紅素到細胞去，就可以做更多的思考，儲存更多的記憶。

比如打籃球就是一個很符合演化目的的運動，它需要眼快、手快、腳快及決策快。球員拿到球大約只有千分之幾秒的時間決定是自己投籃還是傳給別人；若是自己投，大腦得馬上計算球投進籃的機率，以及投不進時被別人拿去的後果。所以，鼓勵孩子運動其實是促進他大腦功能的整合，對他以後出社會的應變能力有幫助。

從研究結果看來，所有學生都得運動，國三學生更需要每天運動。一方面保持心情的愉快書才看得進去；另一方面增加大腦血液的流動，促進海馬迴神經營養因子基因的表現，幫助記憶，讀書才有效。運動不但不是浪費時間，還有益學習。父母可以放心讓孩子去打球、游泳，做各種運動。

同時，多運動不但可以少生病，還能節省如憂鬱症、失智症等許多慢性疾病所造成的社會成本。況且有好的體魄才能把所學的知識、技能長久地應用出來。

瞭解了多運動能促進大腦功能的整合，有益學習，增加思考記憶後，父母一定要放手鼓勵孩子參與打球、游泳等各種體育遊戲活動，讓孩子更好地成長。

運動能治療過動症和憂鬱症

運動對注意力缺失和過動症來說，也是自我控制的良藥。目前醫師給過動症患者所開的利他能（Ritalin），其實就是為增進大腦中多巴胺的量。如果運動本身就會分泌多巴胺，為何不用大腦自己本身的多巴胺呢？自己分泌的對大腦沒有傷害，外來的現在已知會傷害伏隔核。許多第一線的治療師發現，武術、體操等需要大量注意力的運動對過動症的孩子非常有幫助，因為這些運動需要全神貫注，而且武術、體操比枯燥的跑步機有趣得多，孩子比較願意持續練下去。任何運動都需要持之以恆，每天做，效果才會出來。

其實很多被大人認為是「皮」的孩子，只要給他們一個運動空間、一點時間，將精力正當消耗掉他們就不搗蛋了。相信大家都聽過「獵人—農夫」的過動兒理論。即在一萬兩千年前，人類走向農業社會，開始定居下來之後，環境的改變使得過去的長處變成現在的短處了。在遠古時代，如果不眼觀四面耳聽八方，早就被其他動物吃掉了，不可能成為我們的祖先；如果看到事情發生不馬上採取行動，而是三思而後行，也會變成別人的晚餐，活不到成為我們的祖先。

這個理論認為過動兒其實沒毛病，只是生錯了時空。他們容易分心、衝動、冒險性強，其實這是遠古打獵採集時生存者必需的特徵，人類進化到農業社會以後，這些特徵才變得格格不入。也就是說，他們是「獵人」，但是要在「農夫」的社會裡討生活，所以被視為異類。

現在學者把過動症的人叫做「有愛迪生基因者」，不認為他們有病。愛迪生念小

為何孩子厭煩父母嘮叨

一個道理給孩子講了很多遍，可孩子好像沒聽見一樣，越來越不在乎。這不能怪孩子，是大腦的生理變化決定了這一切。

大腦聯結區在大腦解釋外界進來的刺激時會活化，刺激的資訊越多，活化的程度越高。假如這個資訊是頭一次接收到，那麼所有與這個刺激有關的神經元都會活化。在這些活化的神經元中，有些是「強活化」，有些是「弱活化」，都在接收資訊指令，所以新奇事物第一次出現時，我們會特別注意。

但是同樣的資訊第二次出現時，情況就不一樣了。前面表現得比較好的強活化神經元開始送出抑制的指令，禁止前面弱活化的神經元進一步活化。正如一句話太多人説，七嘴八舌反而聽不清楚，讓聲音最大、口齒最伶俐的人説效果最好。

因此，第二次刺激再出現時，反應的神經元就沒有那麼多了。研究者用核磁共振儀觀察受試者在看圖片時大腦的情形，發現大腦的聯結區在看重複的圖片時，強活化神經元一面阻止弱活化神經元再活化，同時自身的活化程度也在降低，看得越多，降低程度越嚴重。

研究者認為，這就是為什麼我們會痛恨嘮叨的原因，因為它越來越沒有用，還擾人。

學時，老師認為無可救藥，叫他父母領回家，免得干擾別的孩子上學，但愛迪生卻是有史以來，專利拿得最多的人。

過動兒並不是不能學習，只是不能在教室中安安靜靜坐著學而已；如果處在祖先生活的大自然環境中，他們可以學得很好。

現在治療過動兒所用的利他能，是藉由刺激多巴胺的分泌來達到抑制注意力不足和過動的目的；憂鬱症者所服用的百憂解（Prozac）則是阻擋血清素的回收，使它們在大腦中比較多。

既然過動不是病，孩子又必須適應「農夫」的生活，假如運動可以達到同樣的藥效，又何必服藥呢？因此現在醫師很鼓勵「病患」用運動的方式減少藥物的服用，甚至替代藥物。對現在教室中越來越多的注意力缺失和過動學生，這不失為一個替父母分憂、替老師減壓的好方法。

柏拉圖說：為了讓人類有成功的生活，神提供了兩種管道——教育與運動。我們也越來越看到，這兩種管道是相輔相成、缺一不可的。

運動也是治療憂鬱症的一劑良藥。

研究發現，當一個人大量運動到他心跳最高速率的百分之七十以上時，大腦就會分泌多巴胺、血清素和正腎上腺素，這些神經傳導物質都跟情緒有直接的關係。臨床實驗也發現，憂鬱症病患每日運動，持續三個月後，百憂解的藥量可以減少。運動提高人的警覺性、注意力和動機，使心智最佳化，還能促進神經細胞的連接，幫助接收新的資訊，並產生新的神經細胞以接收更多新的資訊。

哈佛大學的教授發表了長期追蹤婦女運動與心智功能的研究。他們追蹤一萬八千名護士，發現活動量和活動時間對心智功能都有幫助。那些不愛動的護士在心智能力上比最愛動的老了兩至三年。甚至一週只要動一個半小時，在心智能力上就比那些不愛動的年輕一歲半。

吃藥和運動是相輔相成的治療方式。運動的好處是操之在己，自己持之以恆，病情就會減輕。運動給病患一種自我操控的良好感覺，這種感覺會帶回他的自信心，這個正向作用的效果比吃任何藥都好。

7 性別取向天注定

性的偏好是孩子個人的事，就像有人愛穿紅衣，有人愛穿藍衣，毋庸旁人置評。只要孩子成材，是個正直有用的人就好。

「娘娘腔」是同性戀跡象嗎？

現在，娘娘腔的男孩子似乎越來越多了，這令許多父母擔憂兒子的性別取向。娘娘腔和同性戀有關係嗎？這用腦科學就可以解釋。

德國的杜納（Gunter Dörner）博士認為，大腦的發育有三個中心時期：性中心時期、交配中心時期以及性別角色中心時期。

在性中心時期，荷爾蒙指示大腦發展出男、女性徵的性器官；第二時期與第一時期有點重疊，是大腦中性行為中心下視丘轉變形態的時期，男女下視丘有所不同，男性下視丘的前視區比女性大；最後一個階段的荷爾蒙影響大腦的神經網路設定，杜納認為這個階段決定我們攻擊性、社會性、冒險性及懦弱等人格特質。

他認為每個階段可以單獨被破壞。如果在下視丘交配中心發展時降低男性荷爾蒙的濃度，這名男孩以後會有同性戀的傾向；如果在性別角色發展的階段受到荷爾蒙的干擾，會使女生發展出男性的行為或男生出現女性的行為。因此同性戀者不一定是娘娘腔。

美國曾有一位長得很魁梧，演過《巨人》《枕邊細語》等名片的電影明星，叫洛赫遜（Rock Hudson），他是同性戀者，杜納認為這是他的下視丘在發展時受到了干擾。同樣的，有娘娘腔的人卻有強烈的異性吸引傾向，這是性中心和性別角色中心形成時受到干擾，但在交配中心形成時，荷爾蒙並沒有不平衡。

二〇〇四年有個重要的研究，十四位重量級的神經科學家共同發表了一篇報告，他們分析了三十個人不同部分的大腦切片，在未被告知性別的情況下，他們即能正確分辨出這個腦是男性的還是女性的。男性、女性的大腦的確存在顯著差異。

男性大腦中有許多蛋白質是由Y染色體操控的，女性則由X染色體操控。這個差異來自基因，而非荷爾蒙。所以男、女行為的許多差異，是來自大腦組織上的差異。

而且不論是男同性戀或女同性戀，他們與同性之間的相似性仍大於異性。換句話說，在男同性戀關係中偏向女性化者，大腦結構還是比較相似於男性，而與他心理認同的女性不相似。

男性是從女性胚胎轉換過來的。如果胎兒的性染色體是ＸＹ基因（決定性別為男性的基因），則胚胎在六週時會分泌睪固酮，這種男性荷爾蒙的出現會使大腦神經迴路的連接設定成男性的區塊性（compartmental）；如果未分泌睪固酮，則按照「預設不選擇」（default）成為女性胚胎。因此決定是男是女，除了基因上（ＸＹ基因男性或ＸＸ基因女性）的影響外，與荷爾蒙分泌的量以及分泌的時間也有關係。男性透過荷爾蒙的作用，從女性的腦轉為男性的腦，在改變的過程中容易出錯，所以男性的同性戀比女性多。在生物界是多變多錯，女性不需要經過任何改變，所以她們大腦出錯的機率也就低了許多。

有父母來信問道：讀幼稚園的兒子不喜歡玩汽車，喜歡看媽媽做家事，喜歡到廚房看媽媽切菜，要不要禁止？這個小男孩以後會不會娘娘腔？也有父母問：女兒喜歡玩汽車要不要禁止？其實這些家長都過慮了，孩子本來就有好奇心，到廚房主要是想跟媽媽在一起，也想看媽媽在幹什麼，這種好奇心是動物的本性，父母不必緊張地解釋成小不點的人有性別認同上的危機！

兒子愛玩家家酒，女兒愛玩車，除了只是好奇，也許是大腦先天設定，這點父母無法改變。也就是說，如果是大腦先天的設定使她愛玩汽車，父母其實無能為力，禁止不了，也改不過來。對先天設定的性別認同，父母只能接受，順其自然，否則會造成孩子的痛苦，甚至迫使他們離家出走或自殺。男女在性別認同上有大腦的原因，父母必須有正確的態度，以後親子關係才不會緊張。

對性別的差異，父母只有聽其自然，因為是先天設定的，人工能改變它的機率不高，父母不必緊張。性的偏好是孩子個人的事，就像有人愛穿紅衣，有人愛穿藍衣，毋庸旁人置評。只要孩子成材，是個正直有用的人就好。

男孩愛畫「動詞」，女孩愛畫「名詞」

一位幼稚園的老師拿著小朋友畫的圖給我看，問我為什麼女生用的顏色比較鮮豔：紅、黃、橙、綠，色彩繽紛，畫的是人、房子或是洋娃娃；男生畫的是汽車相撞、火箭上月球、機器人打架，顏色則選暗色的，如黑色、咖啡色。叫他畫蘋果，他畫一畫，又畫成小人打架，講也沒用，不管哪個國家的小朋友皆如此。這位老師觀察力敏銳，提出的問題很有趣，當一個問題是全世界兒童共通時，它就超越了文化的因素，這時要從人的普遍性來看，也就是說，這是一個關於大腦的問題。

美國的動物實驗發現，小猴子若有選擇時，會去選擇有性別特色的玩具，例如把洋娃娃、卡車等玩具放進籠子給一群小猴子玩，結果母猴會去玩洋娃娃，而公猴會去玩卡車，但對中性的圖畫書兩者的偏好一樣。由於猴子不可能有社會文化的影響，因此這個實驗顯示這些偏好是先天的。

目前也有實驗證據顯示，男女在投擲飛鏢的命中率上大不同，即使是三到五歲的幼稚園孩童也有性別上的不同。當實驗者把絨布標靶鋪在地上，請小朋友用魔鬼氈的球投擲時，男孩的命中率比女孩高。現在已知這種能力與男性荷爾蒙有關，有研究發現，體內男性荷爾蒙高的女生空間能力比較好。

現在神經科學家的研究已發現，男孩、女孩在物體辨識最初期的視網膜結構上就有不同。我們的視網膜組織共可分為十層，頭一層是錐細胞和桿細胞兩種感光細胞。錐細胞對顏色敏感，一般聚集在中央小窩附近；桿細胞不處理顏色，只對黑白（明暗）敏感，散佈在中央小窩以外的地方，數量比錐細胞多很多倍。這些感光細胞把資訊往上送到第二層的節細胞，節細胞可分巨細胞（簡稱M細胞）和小細胞（簡稱P細胞）。M細胞大部分接受桿細胞送上來的資訊，只有一小部分是來自錐細胞，它們對動作和方向敏感；P細胞主要是與錐細胞連接，專門處理顏色、質地，只有一點是來自桿細胞。

男女生從視網膜到視覺皮質的神經迴路都不同，M細胞的稱為「where 迴路」，P細胞的稱為「what 迴路」。男性視網膜比女性厚，因為佈滿大而厚的M細胞，而女性的主要是小而薄的P細胞，兩者差異達到顯著性。所以女孩子畫圖時會選用紅、橙、黃、綠色，因為視網膜中的P細胞天生設定就是對這些顏色敏感；男生因為M細胞比較多，所以比較喜歡黑、灰、藍色。

此外，男生多半畫「動詞」，女生多半畫「名詞」。這其實也是大腦神經結構的關係，不必緊張，可以隨他自由發展，沒有改正的必要。

這個偏好在嬰兒出生的頭一天便出現了。有個實驗是讓一〇二名剛出生的男女嬰兒看一名年輕女性的臉和一盞懸掛的跑馬燈，以錄影機拍攝嬰兒凝視時間的長短。結果男生偏好看懸掛的跑馬燈，女生偏好面孔，而且差異很大，男生對跑馬燈的喜好是面孔的兩倍。

這個實驗表示女生天生對臉有興趣，而男生天生對會動的東西有興趣。

過去曾有迷思認為女生空間能力不好，現在知道不是不好，而是所運用的策略不同：女生在認路時用的是皮質，注意到的是細節，所以會用顏色（例如「麥當勞對面那條有藍色屋頂的巷子就是你要找的」）和地標來指路；男生動用的是皮質下的海馬迴，看的是整體，所以會用距離和方位（例如「某條路走五公里後轉東」）來指路。這並沒有優劣之分，只是男女偏好的策略不同而已。研究顯示這種不同認路策略在五歲時就出現了，所以在生活中，女生要向女生問路才比較聽得懂該怎麼走。

加州大學的神經科學家請男女受試者看一些充滿情緒的圖片，然後再請受試者回憶剛剛所看的圖片，結果男生回憶比較偏向圖片的主題和情境，女生回憶較多的是細節。

這一點從腦造影實驗上可得到解釋。科學家發現女生的額葉比男生大（額葉是我們做決定的地方，它與計畫、策略、問題解決都有很重要的關係），調節情緒的邊緣系統及掌管短期記憶和空間記憶的海馬迴也比較大。男生的頂葉比女生大，成熟的時間也早，這裡是處理空間視覺的地方。

這些結構的不同帶來資訊處理上的不同。

這種因大腦結構而產生認知上的不同，已引起教育學家的注意，開始考慮在數學教學上是否應設計適合男女性別差異的教學方法，在選定閱讀材料時也應額外賦予一些彈性。因為男女生喜好的素材不同，女孩喜歡情感故事類的，男孩則喜歡人物傳記、實用手冊、偵探推理類的。閱讀應該是「悅」讀，在指定讀物時，理應考慮到性別的差異。

一般來說，男孩比女孩整體成熟晚，現在的學校教育對男孩不利。因為評價標準是一樣的，而女孩常顯出優勢，這令許多男孩自卑和消沉。

「成熟」這個觀念非常重要，它是「水到渠成」，時間到了、發育好了，孩子自然會做。在成熟之前要求他做力所不能及的事是強人所難。任何事情超越孩子的能力就是壓力，太多的壓力會使孩子心生恐懼而逃避，學習的效果反而不好。

每個人大腦成熟的時間和快慢並不一樣，父母不要拿孩子跟別人比，他的基因與別人不同，後天的環境也不同，這樣比不公平。孩子只能跟自己比，只要今天比昨天有進步，就該鼓勵他。

8 每個孩子都能教

天下沒有不可教的孩子，給他機會他才會表現給你看。
只要放對了位置，讓他的能力發揮出來，每個孩子都是天才。

「貴人語遲」是正常現象

我有一名學生，一年不見憔悴許多，我關心的問她近況，她憂心忡忡地說，她的兒子與小叔的兒子同年，但說話能力發展得慢，她很怕被比下去，也不知該如何才好。

孩子的發育有一定的階段性，醫師牆上貼的發展圖表，是指在某個群體中，大部分孩子到達某個年齡時的發展程度，代表的是平均值，只是個參考數字。實際上，孩子的發育時間會依基因、環境等而有個別差異，所以父母實在不需太擔心，只要孩子的智力發展正常，晚一點說話並沒有關係。牛頓、愛迪生、愛因斯坦都很晚才會說話，但是他們的成就都影響了人類的文明。

我在美國時，有位老師的女兒到兩歲半還不會說話，各種檢查都正常，醫師只好勸她天天念書給孩子聽，增加孩子接觸語言的機會。這孩子雖然不會說話，但卻是鬼靈精一個，她能從母親說話的語氣中知道電話會講多久，如果是外婆、阿姨打來的，她就立刻搬椅子爬高去拿糖果。當時（一九八五年）無線的電話還非常少，母親受到電話線長度的限制只能乾瞪眼。電話快結束了，她從母親的語氣中可以聽出來，便立刻過來討好母親，抱她的大腿，爬上來親她的臉，讓母親哭笑不得。中國有句老話，「伸手不打笑臉人」，母親常常也就算了。

當她五歲進幼稚園時，有一天，小朋友來搶她的玩具，她一把把他推開，嘴裡說出來的是完整的句子「不要煩我」(leave me alone），她母親高興得眼淚都掉了下來。從此她會說話了，而且一切正常。因為她很小就會看書，上學後閱讀程度一直是超越兩個年級以上，各科的功課都很好。

等到她十歲跳班到六年級後，母親再次懷孕，生了個弟弟。想不到這個小男孩直到六歲才開口，比姊姊更慢，不過一開口，說出來的也是完整的句子。這下子，母親知道有基因上的關係了。檢驗後她發現自己正常，就催先生去做基因篩檢，先生遲遲不肯去，被逼急了才說：「我們家五個兄弟都是進了小學才會說話的！」原來他是美國西北牧場的人家，男孩子會做事就好，說不說話不那麼重要。我的老師氣壞了，問他：「我帶著女兒四處求醫時，你怎麼不說？」先生說：「有呀！我不是告訴你不要緊，沒有關係嗎？」

從這個例子就可以知道，人的行為是受到基因和後天環境交互影響的，有時快慢由不得人。如果不是每個孩子都不一樣，孔子為什麼要「因材施教」呢？

父母不要處處拿孩子與別人比，不要在孩子還未準備好時就送他去壓力很大的幼稚園，讓他感受到挫折，更不要整天盯著孩子的發展，這樣孩子也會跟著緊張，讓家庭氣氛也變得緊張。現代醫學研究已經證實，緊張的環境會抑制荷爾蒙的分泌，對孩子的發育不利。

童年，最重要的是快樂地成長，做父母最要緊的是放寬心，陪伴孩子成長，只有安心才能享受孩子的天真爛漫。人生很長，看的是終點，不是起點。陪伴他，讀書給他聽，讓他有個快樂的童年，彼此分享，才是最重要的事。

中國有句俗語「貴人語遲」，是有一定道理的。當然，並不是說話晚就好，而是說話早些晚些都正常，說話晚的也可以是正常的孩子，將來也可以成就大業。父母不著急，孩子才能正常成長。

欣賞比打擊更能幫孩子進步

曾經有個一直考第一名的孩子因為考了第二名而被老師打，理由是退步了。我聽到這件事時簡直不能相信，按照老師的哲學，第一名的學生最恐懼，因為無法再進步，只可能退步，永遠要擔心挨打。動輒說孩子「退步」，真是個愚不可及的評價。

相信經歷過打罵教育的人看到這一段一定心有戚戚焉。的確，分數不代表全部，它是評量的一種方式，卻不是唯一的方式，更不是很好的方式。可歎父母和教師迷信分數又喜歡比較，連第二名都不允許，使我們的孩子視學習為畏途。我常想，若能打破分數和比較的迷思，教改就成功了。

夏日訪友，發現她正為了兩個孩子在生悶氣。原來，她兩個孩子的個性南轅北轍。老大不肯動，只愛看書，她規定他每天要去外面玩四十五分鐘才可以進門，他竟然在懷中揣本書，坐在樓梯口看，時間一到就進來；老二完全相反，從眼睛睜開到上床之前都在外面打球。一個是推不出去，另一個是叫不進來，她很懷疑是不是抱錯了孩子，兩人個性這麼不一樣。

其實，兩個孩子長得都跟她很像，不可能抱錯。遺傳本來就是染色體機率的組合，龍生九子不也是個個不同嗎？

我走進老大房間，他放下書本，起身相迎，是個很有禮貌的孩子。我問他在看什麼，他說《安娜・卡列尼娜》，我問他為什麼挑這本，他說對俄國好奇，冰天雪地的地方竟然出了好些大文豪和偉大音樂家，為什麼不朽之作都是在歷盡滄桑之後才會出現呢？我發現他是一個有思想的孩子，他告訴我他對人性有興趣，但是父母要他念醫。正說著，老二回來了，滿頭大汗。我問他：「為什麼這麼愛打籃球？」他說：「我喜歡投籃擦板進去的聲音，我喜歡投中時的感覺。」

之後，我坐下來對朋友說：「你應該覺得很安慰，你的家教很成功，兩個孩子都有禮貌，暑假都在做有益身心的活動，沒有迷失在物質的欲流中。暑假原本是給孩子調劑心情，找出自己興趣的時光。你的老大平日都在念物理、化學，好不容易有個時段可以看些文學的書，你為什麼要生氣呢？閱讀最重要是『悅』讀，讀自己有興趣的書是一大享受。知識並不分課內、課外，寬廣的知識背景是任何領域成功的必要條件，做醫生尤其需要對人性有深刻瞭解。老二還小，喜歡運動，最主要的是滿足他在課業上達不到你要求的一百分的失落感。遊戲時最可以看出孩子的長處了，你應該很高興他們各有所長。」

管教孩子不要盯太緊，給他一點空間，母子都輕鬆愉快。孩子就像小樹，稍微給一點空間，給一些陽光和雨水，才會長得好。不胡亂評價，不用冷酷的寒霜冰雪打擊他們。看到孩子的長處，他便能有自信，有自信才敢去探索未知，才能茁壯成長。

我看到她牆上掛著字幅：「春有百花秋有月，夏有涼風冬有雪。若無閒事掛心頭，便是人間好時節。」的確，每個季節有每個季節的長處，每個人也都有自己的優點，若能欣賞孩子的長處，每天都是好時節，又有什麼氣好生呢？

追求樣樣通，往往樣樣鬆

一次我乘高鐵，聽到有幾位媽媽大聲談論培養孩子的難處。一位媽媽說，為了找出孩子的興趣，幾乎所有的才藝班都讓他上過了，可是到現在大學都畢業了，孩子還是沒有找到興趣，待在家裡讓她養。另一位說，她的孩子為了準備高考已經補習兩年了，她自己覺得孩子並不適合做公務員，卻不知道他適合做什麼。

我在旁邊聽了好生驚訝。不知道自己要做什麼，一直去補習豈不是浪費自己的青春和父母的錢嗎？其實教育不需要花昂貴的學費去亂試一通，只要父母花點心思觀察孩子日常生活的舉止，就會看出他的長處和優勢，尤其在遊戲時最容易看出來。因為人都不喜歡挫折，遊戲時往往能顯現出他最拿手、最有興趣的項目和他內隱的才能。父母知道了以後，便可以鼓勵他，安排機會讓他表現，這樣興趣就培養出來了。

比爾・蓋茲的爸爸有一次說，他很早就發現了大女兒的長處。在他的三個孩子還小的時候，他帶他們去迪士尼樂園玩，當時大女兒不過十歲，出門時便懂得帶一本小本子記賬，花的每一分錢都登記下來。到回家時，她把皮包裡的零錢倒出來，跟本子上的賬目一核對，一分錢都不差。他和太太兩人對看一眼，心中雪亮，這孩子將來是會計師的料。於是他就從這方面引導她，凡是社區義賣或一年一度的賣女童軍餅乾（這是美國童子軍最大的一個全國性活動，幾乎所有父母都會捧場，掏腰包買個一兩盒），都叫這個女兒管賬。女兒把賬管得很清楚，贏得很多人的讚美。別人的讚美聲越多，孩子做得越起勁，這種正回饋的循環，果然使他的女兒長大後成了有名的會計師。

只要在日常生活中對孩子多加觀察，就會看到他與別人不同的地方。如果是好的，就鼓勵他，使長處變成將來謀生的技能；如果是不好的，要趕快改掉，不要等到後來積習難改，後悔莫及。

父母在發現孩子的特長愛好時，也不要有偏見。替歐巴馬夫人設計晚禮服的吳季剛就是個好例子。他的喜好與一般男生不同，他愛玩芭比娃娃，替她設計衣服，這是一般的父母不能接受的；但是他的母親看到了他這項異於別人的長處，為抵擋別人的閒言碎語，把他帶到加拿大，讓他去發展。他果然一鳴驚人，闖出了自己的天下。

在二十一世紀，孩子將來是靠長處吃飯的，不是短處，所以父母不要截長補短。沒必要要求他中文、英文、數學樣樣行，而是他必須有一項特別出色，能夠與別人競爭。在科技整合的現代，任何領域玩出名堂都有飯吃，不一定非得是最熱門的領域；即使是冷門的科系，只要孩子喜歡有興趣，都沒有關係，只要你是這科系中做得最好的人，你一定有飯吃。最怕就是樣樣通、樣樣鬆，半吊子的學生念再熱門的科系也沒用。

莫把和闐玉當瑕疵品

從演化上來說，每一種功能學習視窗開放的時間都不定，有的早早打烊，有的時間持續比較晚，人類如果沒有這個特性可能活不到現在。

比如，嬰兒如果一出生就有一隻眼睛白內障，在出生的兩個月內若不能兩隻眼睛同時看到一樣東西，以後在深度知覺上就會有缺失；即使稍大些做手術成功，孩子也看不見，因為視神經已分化完成了。

前不久，美國密西根兒童醫院的柴加尼醫師來臺演講也指出，情緒的視窗開的時間很短，一旦關閉很難矯正。他認為四、五歲之前的情緒經驗對孩子以後的發展會有長遠的影響。

但是有的功能視窗卻關閉得晚，甚至終身可以改變。例如沒有手的人，他的腳趾可以畫畫、寫字。謝坤山十六歲失去雙手，卻是有名的口足畫家，作品比起許多畫家的作品一點也不遜色。

在神經學上，沒有兩個腦的發展速度是相同的，即使是一起長大的同卵雙胞胎在做同一件事時，大腦活化的迴路也不盡相同，因此科學家才說每個人都是獨特的。很不幸的是，教育制度始終忽略了這一點，從幼稚園到高中，都用同一把尺評量所有孩子，要求全班一定要達到某個進度。

很多被編到「放牛班」的孩子其實並不笨，只是開竅得晚，或天賦的能力不在主流的科目而已。我們的教育用十九世紀工業革命生產線的概念濾掉了很多我們以為的「瑕疵品」，其實他們是還沒被劈開的和闐玉。教育是心智的啟發，它不能「大量製造」，我們怎麼能用十九世紀機械的觀念去教二十一世紀需要創意的孩子？

南港高工的一名學生拿到全國技能競賽的金牌。這名學生當年基測的成績只有八十一分，被同學嘲笑，但他現在是金牌得主。只要找到興趣，學得慢也沒有關係，勤能補拙，堅持下去，皇天不負苦心人，自然能打出一片天。報上說，雖然他的課是晚上上的，但是他每天一大早就來學校學習，老師問他為什麼，他說：「到學校就很快樂，聞到工廠內的油漬味精神就特別好。」看到這句話就知道他一定會成功。當學習是快樂的，他就會自發地好好學，不需要人督促了。

這則新聞很鼓舞人心，後段班的學生不必氣餒，老師也不要放棄他們。西方諺語說：沒有什麼叫天才，只要放對了位置，讓他的能力發展出來就是天才。我個人非常反對「後段班」或「放牛班」這樣的名詞，開竅晚並不代表笨，更不是孩子的錯，它是基因的關係。教育者應該有耐心等待孩子成長和成熟。把孩子編入「放牛班」，是在他還沒有起步就倒打他一耙，對孩子是不公平的。每次看到後段班學生有出色表現，我心中都很高興，天下沒有不可教的孩子，給他機會，他會表現給你看。

9

瞭解「記憶力」的關鍵

記憶不是訓練出來的，是激發興趣才能得到的。
記憶是種熟悉度，很重要的因素是理解，我們記不住我們不理解的東西。

記憶偏愛「有用」資訊

一次乘高鐵，我看到一對祖孫拿著一張字單，二人反覆大聲地背：桌子、麵包、玫瑰、鞋子……車過新竹後，實在受不了了，就很客氣地請教他們背這些是為什麼。原來這是記憶補習班的功課，說多練習可以增加記憶。我聽了大吃一驚，因為這樣做並不能增加記憶力，反而使孩子討厭記憶。

實驗證明，要進入長期記憶一定要用「有意義」作媒介，新知識要和舊知識掛上鉤才能儲存起來。不懂意義的死背書也是一樣，除非不斷地復習，不然很快就會忘掉。大腦不會浪費寶貴資源去記不知道用在什麼地方的東西，就像公寓空間有限，一樣東西如果沒有眼前的用途，我們會送去資源回收，下次用時再買。從神經學的觀點，孩子出生時，掌管記憶的海馬迴尚未成熟，通常要到三、四歲，這個皮質下的組織才會成熟。因此，我們對自己親身經驗的記憶大約只能回溯到幼稚園的時候，再往前就記不得了（請注意，這裡所講的記憶是自己親身的體驗，而不是大人講給我們的小時候發生的事）。因此佛洛伊德（Sigmund Freud）把它稱為「童年的失憶症」（childhood amnesia），但是最近這個說法受到了挑戰。

實驗者發現，出生二十五天的小老鼠，如果在黑色籠子裡接受十五次不可逃避的電擊，每次兩秒，然後再放到白色籠子裡五分鐘，小老鼠很快就會記住：黑色籠子是危險的，白色籠子是安全的。

在完成以上恐懼制約之後，第一組老鼠在第七天、第十四天、第二十一天再接受一次電擊，然後到第二十八天時測試牠們是否記得前面學過的東西；第二組則是中間沒有接受任何電擊，只在第二十八天接受測驗；第三組則是從未接受恐懼制約，但是每週都放在黑色籠子裡電擊一次，然後到第二十八天時接受測驗。測驗時小老鼠被放到黑色籠子裡，但是通往白色（安全）籠子的門是打開的。

實驗者觀察在一個小時中，老鼠停留在白色籠子的時間有多長（黑色是老鼠的偏好，老鼠是夜間動物，喜歡陰暗，不喜歡光亮，所以本能應喜歡黑色籠子），結果第一組老鼠花最多時間停留在白色籠子裡（說明牠記得白色籠子是沒電擊的），而其他兩組則停留在黑色籠子。這個實驗表示，如果沒有提醒（再次電擊），老鼠在一個月內就忘記了恐懼制約，但是如果不停的提醒，這個記憶可以保持一個月。後來的實驗把這個方式應用到兩個月大的嬰兒身上，訓練嬰兒踢腿，腿上有條緞帶可以帶動搖籃上的走馬燈轉動。結果發現只要定期提醒，早期的經驗可以保持一段時間，挑戰了過去認為嬰兒期記憶不能保存的說法。

上述這個實驗說明，沒有意義的東西只有透過不斷提醒才能保存在記憶中，若不再用，便被遺忘了。

記憶不是訓練出來的，是激發興趣才能得到的。有位朋友相信了電台的廣告，說只要兩分鐘就可以把〈念奴嬌〉背會，便花了三萬元替她兒子報名，希望能增加孩子的記憶力。結果大失所望，孩子的記憶照舊，三萬元卻飛了。

要增加記憶力，必須從大腦處理資訊的基本功夫做起。記憶分為登錄、儲存、提取三個層面。一般都是在登錄上下功夫，只有資訊清楚地進來，將來才有機會正確提取。那麼，怎樣才可以使登錄清楚呢？

研究發現，一個資訊是熟悉的，與別的織成網、連成線的資訊有關係，這個資訊便容易提取。就好像轉學進入一個新環境，如果班上有同學是過去認得的，那麼經由他介紹，你會很快打入小圈圈中。所以看多了、熟悉了，自然就記得了。記憶是種熟悉度。另一個很重要的因素是理解，我們記不住我們不理解的東西。

坊間有很多一萬個或十萬個為什麼之類的書，賣得很好，但是我卻看不下去。一個「事實」要對孩子有意義，必須先把它消化，找到它和別的事實之間的關係，在原有的知識架構中把它定位。也就是說，新資訊和舊有的知識體系掛上鉤後，新資訊就會變成原有體系的一部分，此時這個知識才是他的，他的知識面才會擴大，才能融會貫通達到教育的目的。

情緒和動機影響記憶

最近加州大學舊金山校區的研究團隊發現，許多有語言與閱讀障礙的孩子，是因為大腦聽覺皮質的地圖沒有分化完成。我們的大腦經常一起發射的神經元會聚在一起，所謂 neurons that fire together wire together：一起激發的神經元會串聯成一氣。加州大學的團隊發現許多學習障礙的孩子常聽不清別人講的話。例如別人說 coffee 他聽成 copy，資訊在一開始登錄時就錯了，當然考試時寫出來的也是錯的。

這些孩子的大腦處理資訊的速度也不夠快，所以會漏掉重要資訊。比如說，母親叫他把制服脫下，放進樓上的衣櫥，下來吃飯。才三件事，他就記不得了。把制服脫下，放進衣櫥後，他就站在樓上喊，「你剛剛還叫我做什麼？」他們的記憶廣度極窄。

研究者發現，他們的神經元沒有被訓練到最佳狀態，所以一件事要好多神經元做，沒有餘力去登錄別的資訊。他們的工作記憶因為處理的效率低，很快地占滿了所有的空間，新的資訊擠不進來，他們一次就只能做一兩件，再多就負荷過量。如果熟練了，這情況就可以改善。

因此，這個團隊訓練孩子的基本功夫，先訓練語音的辨識，將一般說話的速度用電腦的方式慢下來播放，再逐漸加快，讓孩子清楚分辨進來的刺激，使聽覺皮質上各頻率的地圖變得詳細。訓練久了，某個特定頻率的聲音一進來，專門負責它的神經元就立刻發射，不再拖著和這個聲音頻率相近的神經元一起發射，不會造成大腦雜訊太多不知聽誰的好，反而使孩子不能專心的情況。

這個團隊在解決了輸入資訊不清楚的神經問題後，孩子的語言能力、閱讀能力都有所增加，連記憶力都增強了。大家這才知道看似個別的能力其實在底下都是一個共同的能力——認知處理的能力。基本能力改進後，其他的就改進了，就好像根活了，葉子就長出來了一樣。挫折感減少，孩子就願意做；有了動機，表現就進步了。大腦是可以改變的，只要改變得法，沒有不可教的孩子。

當然，幫助記憶最有力的是情緒和動機。情緒會引起內在神經傳導物質的分泌，正向情緒可以幫助記憶，恐懼、憤怒等負向情緒會傷害記憶。如果孩子記憶力不好，又拚命叫他死背，會使他因挫折而生恐懼，以後永遠恐懼讀書，連帶其他與學習有關的科目都一起害怕了。這才是真正的得不償失。教育孩子眼光要放遠，切莫因小失大，斷送孩子一生學習的動機。

很多人崇拜記憶，以為記憶好，一切都美好。其實遺忘是必要的，如果一個人什麼都不遺忘，那麼他無法成大事，因為細節塞滿了他的注意力系統，所謂「拘小節者不能成大事」。俄國的心理學家盧瑞亞（Aleksandar Luria）曾經研究一名記憶完美的人，這個人看一眼很長的數學公式之後，經過十五年，仍然可以一字不誤地背誦出來。但是他的生活痛苦極了，不相干的資訊一直湧出來，干擾他處理現在的資訊，使他最後一事無成，潦倒終身。

所以很多時候，遺忘是種福氣，很多事不必記掛在心頭，過去的就算了。遺忘和選擇性記憶是大自然使人可以繼續活下去的一個重要機制。

美國自學成功的電腦界奇葩詹姆斯・巴哈（James Bach）就說：「教育不是一堆事實的總和，也不是求學的年數，更不是標準答案，它是從你所學的東西中脫穎而出的『你』。教育就是我們本身，不是可以反哺出來的東西。」這段話很值得我們深思，我們現在都錯認了教育的目的，把背誦一堆「事實」、考試得高分當做教育成功。其實教育是變化氣質，一個受過教育的人文質彬彬，風度不一樣。

二十歲的巴哈高中未畢業，就進入蘋果電腦公司做軟體測試部的經理，讓底下一群學歷比他高的碩士和博士都服氣，的確有值得我們借鑒的地方。他說他自學的效果之所以比到學校學得好，是因為他的自學進度表有機動性，隨時因為心中想讀而讀。他讀的是自己心智安排的順序，而不是別人安排的知識順序。換句話說，他有求知欲，讀的是自己想讀的，所以學習的動機比別人強，效果當然比別人好。

同時，他學習的方法也與一般學校教的不同，他強調思考。他說，每次想到一個點子時，就問自己這個想法的例子有哪些，有其他的想法跟它一樣嗎，我如何學習到這個想法的細節。他把這個方法應用到每一個新的、未曾接觸的東西上，因為知識會吸引知識，不知不覺就形成他錯綜複雜、連接緊密的知識網路。這個方法最大的好處是，這是一個可以活用的知識網。

對於記憶，在這裡說一點題外話。

E時代的來臨，宣告了傳統「背多分」時代的結束。背誦記憶的重要性在電腦出現後已經被它取代了。現在我們可以將要背的東西存入電腦，只要知道有這個東西，要用時隨時可以提取出來便夠了，不必浪費腦力背它。

過去經濟學家上臺演講時常常露一手，將長串生產毛額數字背誦出來，顯示自己的功力。現在已不流行了，因為電腦隨時可以顯示更多的數位，而且每次提取，每次正確，不像人腦還會出錯。人腦不用死背資料之後，它的資源便被釋放出來做整合之用：將不相干的概念放在一起，找出它們的異同，創造出新的概念。所以二十一世紀的學習方式是廣泛閱讀，在背景知識的建構中創造新的知識，在瞭解中創新，而不是以記憶力取勝。

「做夢」也是一種學習

清理房子時，清出一面兒子小時候，朋友送給他的印第安人捕夢網（dreamcatcher）。圓形的網，四周垂掛著印第安飾物，因為做工很精緻，所以留到現在。看到這面捕夢網，不禁想到嬰兒的夢，這是一個常被人誤解的迷思。

常言說「舒服不過躺下，好吃不過餃子」。對勤勞淳樸的中國人來說，勞累了一天，晚上得以躺下睡覺，那真是最舒服的事。但我們很少質疑人為什麼要睡覺，覺得它就像日出日落、春去秋來一樣自然。

睡眠之謎是在二十世紀初，腦波儀發明後才慢慢解開的。過去人們都以為睡眠是大腦在休息，其實是不對的。睡眠時身體在休息，大腦在活動，在忙著整理白天收進來的資訊，因此史奈德說「夢是清醒時真實生活的反映」。人的意識流從不停止，只是做夢時，肌肉都放鬆了，所以不會把夢境用肢體實際表演出來。

剛開始的夢都與白天發生的事有關，但睡到午夜以後的夢，時間就逐漸拉遠，那時做的夢差不多是六至八天之前發生的事，而凌晨做的夢則與遙遠的過去有關。老人對「想當年」的事記得牢，很可能是神經迴路在夜間常常活化的關係。活化的次數越多，神經的連接越牢固，越不易忘記。

核磁共振大腦睡眠影像支持了「大腦在睡眠時工作」的說法。很多人以為嬰兒不會做夢，其實嬰兒不但會，而且做夢的時間比成人還多，幾乎是成人的兩倍。腦波儀的研究顯示，成人睡覺是九十分鐘一個週期，嬰兒是六十分鐘，他們大部分睡眠時間是在做夢。

嬰兒為什麼需要這麼多的時間做夢呢？因為夢的功能之一是整理歸納、去蕪存菁。嬰兒從一出生眼睛張開，就開始以兩種方式交互進行學習：一是將外面的世界內化成自己的；二是改變自己以適應外面的世界。嬰兒自出生後就在大量學習，有很多東西要溫習，這些白天接收進來的資訊必須在夢裡拿出來整理，所以嬰兒做夢的時間比成人多。

嬰兒有時會做噩夢，大哭驚醒，那是因為白天玩過頭了，收進來太多的資訊，來不及處理，大腦負荷過重，像洗衣機塞了太多衣服洗不動時，機器就會發出巨大聲響且搖晃跳動移位一樣。老人家常告誡年輕沒有經驗的父母，嬰兒睡覺前不可跟他玩得太瘋，晚上會做噩夢，就是這個道理。

從動物的實驗得知，老鼠晚上做夢時，大腦腦波的形態與牠白天學習跑迷宮時很相似，顯示牠做夢時是在練習跑迷宮。更好的例子是鳥類，鳥類是自然界中唯一和人類一樣有腦側化功能的。也就是說，人用左腦說話，鳥用左腦唱歌。於是科學家便在公鳥的腦神經核上放探針，記錄牠在唱歌時大腦活化的形態。結果發現鳥睡覺做夢時，這兩個神經核有活化，表示它在溫習白天的功課；科學家注射麻醉劑到小鳥掌管唱歌的神經核，使它在晚上做夢時不得活化，結果小鳥學唱的效果嚴重受損。

因此，科學家發現夢可以去蕪存菁，白天的經驗在夢中重新顯示。做夢對學習有「溫故而知新」的效果。

大腦在做夢時，活化得比平常基準線更厲害，顯示工作得更辛苦；而且睡著了沒有了意識，抑制的力量也就沒有了，就是說理性不能限制思考了，所以很多發明是在夢中看到的。如苯的分子結構便是德國科學家在夢中看到一條蛇在咬牠的尾巴，才想到是個圓形結構。

其實，早在一九六〇年代，在關於鳥類的研究中就發現了睡眠對學習的重要性，只是這個資訊一直打不進教育圈。

現在，一些家長為了孩子學好英文，就不停地給孩子播放英文錄音帶。孩子睡著了便聽不見了，這樣做完全沒有必要。既然一場好夢對孩子的身心都很重要，為何不讓孩子聽完床邊故事之後入睡，讓他的想像力在夢中發揮，何苦連睡覺時間也不放過呢？

睡覺是人生一大享受，熟睡時大腦會分泌與情緒有關的血清素和正腎上腺素兩種神經傳導物質，及時補充大腦的需求，情緒就提升起來了。

做場好夢是個很愉快的事，難怪印第安人要用捕夢網去捕捉快樂的夢了。希望在瞭解睡眠的本質之後，每個人都能配合自己的生理狀態，給自己一場好睡眠，給孩子一個好夢！

孩子睡飽，學習更好

最近的研究發現，百分之九十八的十四歲少年，在晚上十一點就想睡了，如果不設鬧鐘，他們自然醒來的時間是早上八點至八點十五分。所以，學校如果能配合生理時鐘將上學時間調晚一點，讓學生一覺睡到自然醒，睡飽了到校後的學習效果會好很多。

學習最重要的是動機與情緒，不是外在的硬體設備或教學器材，學生想睡時，再好的設備、再新的教學都沒有用。

最近以色列的研究也發現睡眠對記憶的作用。研究者把士兵分為三組，先給他們看四十個字，之後第一組士兵晚上一覺睡到天明，天亮時回憶字串的成績最好；第二組士兵整夜行軍無法睡覺，回憶字串的成績其次；而第三組士兵可以睡覺，但不讓做夢（實驗者可從受試士兵眼球跳動與腦波的不同而得知受試者正在做夢，並即刻把他搖醒，阻斷他做夢），回憶成績最差。由此可見，夢對記憶很重要，而夢在睡眠時才會發生，所以睡眠對記憶和學習很重要。

我們已經知道睡眠、做夢都和記憶有關，所以睡眠時間短、做夢的時間少會影響學習成效，因為所學的東西無法在夢中拿出來整理，去蕪存菁。記憶是個重新建構的歷程，短期記憶要變成長期記憶必須經過「固化」（consolidation）的歷程，它是在睡眠時透過神經迴路的活化來完成的。每次做夢，每次把新、舊的資訊重新組合，把新的資訊納入舊有的認知架構中。

睡眠的科學研究對科學的學習有很大幫助，它讓我們知道「頭懸梁，錐刺股」的那種讀書方法是無效的。讀書要讀進大腦，轉化成長期記憶才有效。轉化的過程需要神經傳導物質——尤其是血清素——的協助。而血清素、正腎上腺素等大腦關乎記憶的這些神經傳導物質都是在熟睡時分泌的，所以有此口號：「希望孩子學得好，就要讓他睡得飽。」

美國是個講求實用的國家，因而腦科學進步到某種程度，對記憶有所瞭解後，就有教育心理學家提出，應該改變原有的教學方式，就記憶的本質去設計課程。他們認為要改善學習，一定要保證孩子的生理是在最佳的學習狀態。

美國已有十八州把上課時間調晚，延到九點才上課（各州不同），希望孩子能有一夜好覺。補充好學習時所需的神經傳導物質，如血清素、正腎上腺素之後，再上課，這樣學習的效果才好。況且，人在睡飽了以後心情愉快，掌管記憶的那些神經傳導物質正好也與情緒有關係，睡不夠的人脾氣會暴躁。有經驗的老師都知道，沒有吃早飯的孩子脾氣暴躁、易怒，讓他去福利社買個麵包充饑後，人就安靜下來了。

美國那些已調整上學時間的學校發現，讓學生多睡一個小時，不僅有助於學習成績，還能降低學生在校的肇事率，師生衝突、親子衝突的次數也減少了。最主要的是上課出勤率提高，退學率也下降了，大大超乎他們的意料。

「教育的宗旨在學習，學習的關鍵在動機與情緒」。美國學校的改變，代表著教育者不再墨守成規、勇於創新，完全改變了一般人認為教育者過於保守的刻板印象。

看到了別人敢踏出第一步來提升學習效果，希望我們在教育鬆綁時，也能考慮到學生的學習生理機制，使效果事半功倍。

懂原則，學習順水行舟

提早入學害處多

順其自然、快樂成長是教育孩子的圭臬，父母千萬不要因急功近利而弄巧成拙。

兒時搶一步，長大誤一生

在晚宴上，有位穿著打扮入時的媽媽在打聽誰有親戚住在鄉下，可以讓她女兒的戶籍先轉過去一下再轉出來。原來她的女兒生在九月二日，而上小學的分界點是九月一日，她非常不甘心女兒只因晚一天出生就要晚一年入學，而很多偏遠地區的小學招生不足，面臨裁撤，所以她想先在偏遠地區註冊，等開了學，再轉回臺北來上學。

我聽了真是佩服中國人的腦筋好，什麼方法都想得出來。但是提早入學對孩子其實並不好。美國加州大學聖塔芭芭拉校區有位經濟學家，從每四年舉辦一次的「國際數學與科學教育成就趨勢調查」資料中發現，入學年齡與成績有關：四年級學生中，年齡相對較大的孩子測驗成績比年齡較小的孩子要高出百分之四到十二。智力相當的四年級學生，年初生的孩子可能拿到八十分，而年末生的只能拿到六十八分。在四年級時，這一點的差異就可能使兩個孩子後來的發展不一樣，因為八十分的那名孩子可以進資優班。

這種現象可歸因到心理學上的「馬太效應」。《新約聖經・馬太福音》中說：「凡是有的，還要加給他，叫他有餘；沒有的，連他所有的也要奪過來。」成績越好的學生越會得到老師的關注，老師的關注會使他在課業成績上更好，越成功的人越會得到更多的機會，使他變得更成功。而成績差的孩子自尊心、自信心都會受到打擊，一個喪失自信的孩子前途堪憂，所以還是不要操之過急為好。

每個孩子成熟度不同，在幼稚園或小學開學時，老師會依他們的能力分班，程度相同的班比較好教。年初出生的孩子因為比別人多喝了九個月的奶水，長得比較高大，有些能力比較成熟，就會被編到同一班，讓他們接受比較多的訓練；比較弱小的會被編到另一班，讓老師多給一些照顧。結果比較大、接受到比較多訓練的那一班表現自然比較好，第二年就又被編到比較好的班級去，這個差異慢慢地越來越大。到大學時，研究者發現年齡相對小的一組，學業成績比年紀大的同學少了百分之十一點六。這個報告十分令人驚訝，因為九月一日以前入學是一個人為的決定，沒有任何生理原因，我們很難想像人為的武斷決定，竟然有這麼大的差異。

這個現象其實存在於很多地方。《決斷2秒間》的作者葛拉威爾（Malcolm Gladwell）在他的新著《異數》中也指出：加拿大冰上曲棍球的球員年初出生的比年末出生的多；國際足球賽的球員，八到十月出生的選手有一三五人，而五到七月出生的只有二十人；美國大聯盟的選手在八月出生的比其他月份的來得多，二〇〇五年八月出生的有五〇五人，而七月出生的只有一三人；一九九〇年代的英國足球超級聯盟中有二八八名選手是九到十一月出生的，而六到八月出生的只有一三六人。

這些數字乍看之下很奇怪，有人會立刻聯想到星座上，如某個星座的人適合從事某項運動。但是真正的原因不在星座，而是在年齡分組的月份。加拿大冰球年齡分組的界線是十二月三十一日，只要在該年內出生的孩子就算同一組，年初出生的體型大些，而曲棍球隊自然會挑選長得較高大、勇猛的球員；美國大聯盟球隊的年齡分界是九月一日，所以九到十一月出生的球員就比較多；國際足球賽的年齡分界是八月一日，因為八到十月出生的孩子，比同年十一到十二月生的以及下一年生的身材會高大些，所以八到十月生日的被球隊選中的多，最後從事這項運動的人就多。你看，一開始一點點的小差異竟然會造成後來的大不同，所以父母親不必急著讓身心還未準備好的孩子入學。最近有個研究甚至發現，晚一點上學（瑞典是七歲），對孩子未來的身心健康比較好，因為發育較成熟後才學習，可減少挫折感。學得早不如學得好。太早上學對孩子沒有任何好處，人生反正是終身學習，學不完的，古人不是說「學無止境」嗎？

身材最小、力氣最小的孩子在班上常是被人欺負的那一個，太早入學對孩子身心發展都不好。瞭解到這一點，父母就不會揠苗助長地讓孩子提早入學了。順其自然、快樂成長是教育孩子的圭臬，父母千萬不要因急功近利而弄巧成拙。

學前強迫孩子認字有後患

不久前在平面媒體上看到一張圖片：一位父親在騎摩托車時也不忘教孩子英文，後視鏡上貼滿了英文單字，雙手也寫滿了生詞，兩個孩子雖然才上小學，但是英文已經達到國中程度。這則新聞引起轟動，有的父母親如法炮製，嚴格控制孩子的休閒時間，只要孩子早上一睜眼，便要求他背生字，像那位爸爸一樣，連洗完頭吹頭髮時，吹風機上都貼上了生字，街頭巷尾也出現了走路時喃喃自語的孩子。我看了很不以為然，且不說開車或騎車背生字很容易出車禍，傷及無辜，走路背生字更易撞到電線桿。為安全起見，這一點不應該提倡。更重要的是這樣做對孩子的智力啟蒙不僅沒有意義，還可能有害。

有研究發現，在學前被強迫認字的孩子，初入學時會表現得優於其他人。到小學二年級時，在學校的表現與其他小朋友差不多，但是學習的態度卻有顯著不同，他們比較被動，對很多事情不感興趣。再往後，往往狀態更不如意。

其實，光認得字是不夠的，必須先建立心理辭彙。中文有很多詞語，從字面看不出它的意思，如光棍、風流等。有時添加一個字又常常會改變原有詞的意思，如「天花」與「天花板」，雖然只多加一個「板」字，但如果孩子不知道天花板是什麼，即使這三個字他都認得也猜不出意思來。省略一個字也是一樣，如「地理老師」和「地理師」就不一樣。因此中文學習不只是認字，更重要的是建立心理辭彙，而這種辭彙是在日常生活中與孩子對話，回答孩子無數的問題時不知不覺建立起來的，這就是為什麼要朗讀給孩子聽。還要鼓勵他提問題，讓他打斷故事，因為讀書的目的本來就是在建立心理辭彙。通過任何方式建立都可以，不一定只從書本上得到，但太早或過分地驅策孩子反而會對孩子產生不利影響。

孩子一出生就是個獨立的個體，有他的自由意志。在不過分的情況下，應該給他一點自由度讓他享受遊戲和童年。孩子的時間其實不應該每一分鐘都受到控制，家長必須留給孩子一點做白日夢的時間。有想像力才有創造力，「自由聯想」是創造力很重要的一個來源，科學上很多重大的發明都是在散步、洗澡，心思不被佔據，可以自由聯想時，突然跑出來的。

現在的孩子補習已補到像部機器人，若是把剩餘的一點時間還拿去背生字，連睡覺前都得聽英文錄音帶，就難怪有個姓徐的孩子要說「做徐某某很辛苦」了。

孩子是上天賜給我們的福報，只有在放鬆的心情下才會感受到福報的樂趣，千萬不可把孩子當做競爭品，天天鞭策他上進，要知道欲速則不達。

人生的路很長，孩子有一生的時間可以學習，為何要趕在他未成熟之前，強迫他去做他還做不到的事，讓孩子對自己失去信心，對學習失去興趣呢？若是等孩子大腦成熟後再去教他，就會事半功倍。做父母的不要擔心孩子「輸在起跑線上」，不要在乎幼年時多玩了一點時光，不要揠苗助長。孩子有快樂的童年，喜歡學習，以後才會自動自發，才會有所成就。如果孩子還沒上一年級便開始痛恨上學，那以後的日子就不知該怎樣過下去。

很多父母和老師讓幼稚園的孩子一天練習寫幾個小時的阿拉伯數字及國字，寫不好只好擦掉重寫，惹得小孩哭大人罵，好不辛苦。這麼小的孩子每天感受到的都是失敗的痛苦經驗，這對孩子的未來很不好。幼稚園孩子手上的小肌肉尚未發育完成，筆還握不穩，他們左右腦也還未發育完成，所以一般學者都不主張在幼稚園教寫字。

糖果不要攢到長大再吃

以前的小孩因為家貧，一年吃不到幾塊糖，很多孩子就幻想長大了賺好多錢，買好多糖，天天吃糖。可是到真長大了，卻發現自己已經不愛吃糖了。童年的一種甜蜜就這樣永遠失去了。

這就像現在有些父母相信「平均」，為了功課佔用孩子睡眠和玩耍的時間。認為小時候睡得少一點，玩得少一點，學習打下了根基，等到長大時就可以多睡一點，多玩一點，把時間平均掉。

這個「平均說」在同一年齡層是可以的，例如平日多讀書，考試就不必臨時抱佛腳。但這個邏輯有一個缺點，就是沒有考慮到「成熟」的因素。跨越年齡層，用小學不睡覺去平衡中學可以睡，很不恰當。人生有很多東西不能畫上等號，小學一年級睡的九小時不等於國中一年級睡的九小時，兩個年齡層對睡眠的需要不同。

同樣一件事，心智未開時，可能要花很多時間才學得會；心智成熟後，輕而易舉就可以做到。比如兒童搆不著樹上的桃子，成人卻是舉手之勞。我們用得著天天逼小孩子去學摘桃子嗎？成長是需要時間的。

天下的知識學不完，只要有正確的學習態度、健康的體魄，有的是時間去學人生必要的知識，但是童年遊戲的歡樂卻是長大後補不回來的。

日子不能現在不過，等以後一起過。拉丁諺語說「活在當下」，就是這個道理。每一天都有它的意義，不能為了未來犧牲太多的現在。

華盛頓大學醫學院的教授麥迪納（John Medina）寫了一本書《大腦當家》（遠流出版），他從腦造影的研究上舉證：每個人的大腦區塊成熟的時間和次序不一樣，在大腦未成熟前，硬要孩子學他力所不能及的事情，就好像強迫一個孩子去跳比他身體還高的柵欄一樣的殘忍。

他舉了很多實驗的例子來說明他的觀點，因此他的書很有說服力。雖然瑞典的孩子是七歲進了小學才開始學寫字的，但是瑞典學生的競爭力並不比別國學生的差。這本書引起很多父母的注意，開始檢討自己帶孩子的方式，也要求學校檢討教學的策略，甚至有父母懷疑他們是否太早送孩子上幼稚園了。

在發展上有一個很重要的原則，就是水到渠成——如果一個行為以後能輕鬆學會，那麼現在就不必拚命教孩子練習。

別給孩子貼上智力標籤

一位山地幼稚園老師沮喪地對我說，她班上的九個孩子中有四名被診斷為智障或邊緣性智慧障礙，她懷疑自己的教學方法有問題，想要辭職。我後來去了另一所小學，也是有二分之一的幼稚園班學生被說成是智障。我想，怎麼這麼巧，不同的學校竟然都有一半智障？我去班上看了看，孩子們剛睡完午覺在疊被子，一個個天真活潑，看到我都圍上來要我抱，實在看不出哪一個是智障。老師把孩子們叫了出來，我一看，大吃一驚，那些我認為最聰明的竟然是被醫院診斷為智障的。

我把診斷書拿來仔細看，才發現醫院用的是魏氏學前兒童智力量表，它測驗的專案有物形配置、幾何圖形、圖形設計、矩陣推理、圖畫補充、動物、常識、理解、算數、辭彙和句子測驗。這些測驗對部落原住民來說，有文化上的偏差。他們平時不曾接觸這些東西，沒有人教過他們顏色名字、形狀名稱；他們不曾看過矩陣，也不曾玩過積木；他們表現慢不是笨，而是因為沒有機會接觸。他們的母語不是漢語，用漢語測驗對他們不利。

我們知道，幾乎所有的智力測驗都有文化的偏差。一九一一年，美國用比奈智力測驗（Binet-Simon Intelligence Scale）曾測出百分之八十三的猶太人、百分之八十的匈牙利人、百分之七十九的義大利人及百分之八十七的俄國人是心智耗弱者。現在我們知道，他們根本不是所謂心智耗弱者，他們只是新移民，不熟悉美國文化。用不同文化背景的題目去測，他們全都變成了白癡。

最主要的原因是原住民孩子害羞，不敢對陌生人說話。如果是熟的人，他會爬到你身上跟你要機器人，還會說出型號，因為班上誰誰有一個，完全沒有語言上的困難。我想他們可能與施測者不熟，不肯作答，才被認為是智障。至於他們不認識注音符號，那是因為老師還沒教；疑似有寫字障礙，那是因為他們還沒有開始學習寫字。

只要和這所幼稚園的孩子生活一天，就知道他們絕對不是智障。我被蚊子叮了，他們會去採葉子，揉碎了塗上去，馬上就不癢了；他們會設陷阱捕田鼠給我吃。他們不是智障，只是生活環境與我們不同，我們不應該用都市中漢族人兒童的標準測試他們。

我最擔心的是「汙名化」測試，這種「智障」的標籤會讓孩子一輩子抬不起頭來。家長和教師都不要附和這些愚蠢的行為。

2

好奇好問的孩子有出息

孩子是天生的科學家，去除他們頭上標準答案的緊箍咒，恢復好奇和好問的本能，歸真返璞，科學家就出現了。

孩子的世界不應有標準答案

許多人恐懼科學，覺得它很深奧，其實科學就是生活的態度，「用別人沒有想到的方法，看到別人沒有看到的東西，想到別人沒有想到的地方，如此而已」。

發展心理學家說「嬰兒是天生的科學家」，因為嬰兒的眼睛一張開就不停地在探索環境，他們觀察，尋找可能的解釋，檢驗這個解釋的成立，再作進一步的觀察。嬰兒常重複做同一動作，如把湯匙丟到地上，當發出「噹」的聲音時，他就高興地笑，因為他知道他的假設對了：硬的東西掉到地上會發出聲音，軟的玩具熊丟下去就不會。世界就是他們的實驗室，我們的祖先如果沒有這種能力是無法生存下來的。

那麼，為什麼有的人長大後，會失去這種本能呢？

兩位美國研究者問了這個問題，他們花了六年的時間，找出全世界三千位科學家的特點，結果發現：第一個特點，是他們會把兩個看起來不相干的概念連在一起；第二是他們會打破砂鍋問到底，一直問「假如……會怎麼樣？」「為什麼這樣做而不那樣做？」一直到自己完全明白為止，他們會親身探索和體驗事情的上限和下限。最後，研究得出結論：不是智商，而是「強烈的好奇心，追根究柢的好問」，區分了科學家和非科學家。

我們看到幼稚園四、五歲的孩子每天問「他為什麼要哭呢？」「貓為什麼要吃老鼠呢？」「花為什麼會開呢？」但是進小學後就很少問了，因為他們很快就瞭解老師在意的是標準答案，多問只會自討苦吃。到了高中，更是幾乎沒有學生開口了，每天考試都考不完，哪裡還有時間去想為什麼，背下來應付完就是了。畢業到社會進入公司後，小職員只能唯命是從，多問會被炒魷魚，何況也早已習慣不去問為什麼了。

企業管理中把人才分成三種：最上等的為「自燃人」，不需要借助外力自己就可燃燒的人；中間的為「可燃人」，接近火就會燃燒；最下層的為「不可燃人」，靠近火也不會燃燒。很多活潑有創意的孩子經過我們教育系統的「千錘百煉」後，變成了叫一下動一下的「不可燃人」。

因此，要恢復孩子天生科學家的本性，一定要先除去「標準答案」這個緊箍咒，然後培養孩子敏銳的觀察力，再通過閱讀使他有廣闊的背景知識，能想到別人想不到的地方，最後他就能看到別人看不到的東西了。所以科學思維的觀察力、形成假設的能力和驗證下結論的能力是循序漸進的，缺一不可。

我們要讓孩子常常接觸大自然，大自然最是變化無窮，孩子很快會發現天地萬物時時都在改變，仔細比較今天和昨天看到的，觀察力就出來了。科學教育無他，去除孩子頭上標準答案的緊箍咒，恢復他好奇和好問的本能，歸真返璞，科學家就出現了。

鼓勵孩子提問題

我很少看到臺灣的父母在遇到孩子提問時，會坐下來說「這個問題我也不知道，我們一起來看看書上怎麼說」。和孩子一起查百科全書，不但不丟臉，還是最好的身教，讓孩子無形中學到「不知」並不可恥，不知裝知才是不對。

在科技整合的二十一世紀，人不可能知道每一件事，面對孩子的好奇心，我們應該鼓勵他，親子之間一起探索。孩子的大腦神經要充分發展，必須讓他自由探索，接受環境不同的刺激，因為經驗是修剪神經迴路最重要的一個原則。

許多例子都說明了做為一個科學家先要有好奇心，然後有觀察力，還要有毅力才會成功。所以要把孩子培養成科學家，父母必須抑制自己的不耐煩，當孩子問為什麼時，能夠細心地從他能瞭解的層面回答他。孩子問的問題無奇不有，這常讓父母很頭大，因為雖然身為父母卻常不知道正確答案是什麼。過去的父母會用「等你長大就知道了」搪塞，或是罵孩子「正規功課不做，問這麼多幹什麼」，這些都會扼殺孩子的好奇心。殊不知這句話使我們失去了多少未來的科學家。

若是不能滿足孩子的好奇心，他常會從旁門左道去獲得不正確的知識，那就更糟糕了。所以想要推動「科學生根」的有心人，應多替父母解圍，我常想應針對孩子常常問的問題編一些入門的科學百科，讓父母有正確知識可以告訴孩子，同時繼續維持在孩子心目中父母萬能、無所不知的形象。當然父母也必須多讀書，尤其多讀物種、地球演化方面的書，因為孩子問的問題多與我們生活周遭的事物有關，想要正確回答這些問題，父母必須從演化的根源找答案。

比如孩子喜歡問：海水為什麼是鹹的，眼淚為什麼是鹹的——答案是因為我們的祖先是從水裡爬上陸地的，我們曾經住在海裡很久，所以身體中有大部分是水分，人缺水會脫水而死，還可以順便告訴孩子為什麼要喝水。

還有飛機為什麼會飛（每次在飛機場都聽到有孩子問這個問題，也每次都看到大人張口結舌答不出來），鯨為什麼不是魚，牠不是在海中游水嗎？牠如果是哺乳類，為什麼要住在海裡？這時父母就可以說鯨體積那麼大，若不是水有浮力，牠在陸地上就幾乎動不了了，我們看到擱淺的鯨都得動用起重機才能搬動。鯨曾經上過陸地，後來又回到海裡，所以身上有進化的大腿骨，牠的鰭是退化的手，而且牠不是像魚一樣用鰓呼吸，牠和我們一樣是用肺呼吸（這是教孩子物種演化概念非常有力的一個例子）。

所有的知識必須在孩子想學時教給他，才可以被充分吸收，因為動機是學習最有力的驅力。而孩子在幼小時，好奇心最多，動機最強，在孩子小時候給他正確的知識是很重要的。

科學必須從小做起，根扎實了，自然會開花結果。父母要為孩子營建探求的路徑，不要堵死他們的好奇心。

大目標從小事情做起

中國自從滿清末年打過幾次割地賠款、喪權辱國的敗仗後，開始對洋人的船堅炮利崇拜不已。當時的知識份子檢討中國失敗的原因，都認為歸根究柢是洋人有科學，所以有槍炮可以隔空殺人。他們的科技發達，可以製造侵略武器，要想不被外國人欺負就必須發展科學。中國的父母一夕之間改變了他們對兒女的期望——從科舉的狀元立刻變成科學家，最好還是諾貝爾獎的科學家。

「科學救國」的口號從清末喊到民國，從大陸喊到臺灣，喊了整整一個世紀，我們的科學還是不發達，吃香灰、喝符水的消息還是時有所聞。

在甲骨文和金文中，「世」這個字是三個十疊在一起，一世是三十年，也就是說一個觀念的改變至少要一個世代的工夫，要花上三十年。發展科學的第一要務是改變觀念，也就是說，培養科學家要從孩子一天天的學習生活中做起。若是父母和老師的觀念沒有改，還是要孩子每天乖乖坐在桌子前讀書、背書、抄生字，不允許孩子去外面遊戲、觀察、發現的話，怎麼會有科學精神出來？

觀察是科學的根本，一定先觀察到現象才會去解釋這個現象，如果我們的孩子整天坐在教室裡，四體不勤、五穀不分，是不可能有科學精神的。

科學的基本要求是觀察力，形成假設的能力，及動手做實驗、驗證這個假設的能力。我們知道發現、發明和創造的層次不同。發現是事物已經存在，好比哥倫布發現新大陸，他若沒有發現，後人也遲早會發現。發明，也是環境氣氛都已準備好，但是有洞見、看得比別人遠的人拔得頭籌，例如愛迪生發明電燈泡。有人說，即使愛迪生不發明，別人也會發明出來，因為所有的條件都已存在了。發明要設專利，就是保護第一個想到的人。層次最高的是創造力，好比沒有莫札特就沒有莫札特的音樂，沒有貝多芬就沒有貝多芬的音樂。

科學可以說是有條理可循、按部就班的創造力，它是在觀察到一條線索後，用邏輯的方式形成命題和假設，用實驗的方法驗證這個假設。在科學界有一句話：「只要問對問題，答案就出來了。」形成假設的能力比較困難，因為它需要邏輯推理和背景知識。

十九世紀末葉，印尼大地震使海域出現了一座新的火山島，法國皇家科學院的研究員於是坐船去當地觀察第一個生物如何出現。他們等待了很久，終於發現第一種生物是蜘蛛，是結網在葉片背後被風從很遠的大陸吹過來的。當然，那時芝加哥大學的研究人員還未發現氮、氧和水通電爆炸可以產生氨基酸，但是這代表人們對第一個生命的出現已充滿好奇心。

不要空談，從每件小事上具體地去做，大家殊途同歸地追求答案，就造就了現代科學的進步。

3 找出孩子的長處

不要用昨日我們的觀念去限制孩子明日的發展；
不要叫孩子圓你的夢，更不要常說「你讓我很失望」。

考不好的孩子也有長處

某次去美國開會時，借住在一位醫師朋友家，看到玄關牆上掛著一封小孩寫的信，覺得很驚訝，因為一般都是名人的字畫才會掛在這種顯眼的地方。朋友解釋，這是一名小病患寫來的感謝信，因為自己是醫師，天天接觸到生老病死，難免情緒低落，這封信讓他在每天出門前激勵自己：工作是有目的的，生活是有意義的。這使他可以打起精神去面對新的一天。

我聽了更加好奇，想知道這封信寫的是什麼，但一看字跡淩亂，無法辨讀，於是請他念給我聽。信是這樣寫的：「醫師，我以前都認為在學校功課不好只有兩個原因：一是愚笨，二是懶惰。感謝你讓我知道我不笨也不懶，是我的大腦趕不上我的決心，我只是記憶不好。現在我不自卑了，也不害怕上學了。」

他說這名孩子很愛看書，有自己的想法，口頭報告也很有條理，就是無法寫字，連字母都無法連貫地寫。他的字寫得特別亂，像一堆木柴散在地上，讓別人無法辨識。因為寫字困難，所以作業不能準時交。老師認為他懶，不肯寫作業，因為既然口頭報告都很清楚，為什麼用筆寫下來就不行？會做而不做是罪加一等，因此天天處罰他，讓他恐懼上學。直到被我朋友診斷為這是「病」而不是「壞」後，他才找回自信。

我的那位醫師朋友說，當時的儀器並不能讓他找出孩子的大腦什麼地方不對，但是他讓孩子知道他不是「壞」，只是和別人不一樣，他有自己的優勢，做自己喜歡做的事情，他就可以出色。果然，這些話讓孩子的人生不一樣了。現在這個孩子已成年，是一位得過大獎的景觀設計師。

我聽了很有感觸。每個人都知道教育應該因材施教，但是實際上卻都用同一個模子去套所有的孩子。

現在在教育上提倡多元智慧理論，它的意義就在提醒老師、家長，每個人都有不一樣的長處，不要用單一的評量去判斷一個孩子。考不好的孩子不一定就是笨或懶，更不是壞。當我們以好壞二分法去界定一名豐富的多面體孩子時，這是在傷害大多數孩子，許多孩子都會不符合既有模子。只有找到孩子的長處，使他快樂成長，才是教育最終的目的。

一樣的父母為何教育出兩樣的孩子？

有一位媽媽跟我說，老大、老二都是親生的，有同樣的基因，在同樣的環境中長大，但是兩人的個性截然不同。老大順利考上臺大，一點兒也不讓她操心；老二卻整天翹課，讓她苦惱萬分，現在在吃抗憂鬱症的藥。她說老二若不是她自己在家裡生的，她一定會懷疑是在醫院抱錯了才會有這麼大的差別。她一直檢討自己在教育上是否出了什麼問題，才會教出兩個這麼不同的孩子。

我聽了很感歎，生物科技這麼進步，我們對基因與環境的關係的觀念仍然不是很清楚。我們雖然在嘴上接受個別差異，承認每個人是不同的，但在心中，仍然認為兄弟姊妹都要一樣優秀，不然就是敗家子。

在研究上已看到，即使是同卵雙胞胎，兩個人在做同一件事情的時候，大腦活化的神經迴路也是不一樣的。同卵雙胞胎基因相同，大腦的結構相同，但後天的經驗不同，所以形成的神經迴路不同；而神經迴路連接的不同，就形成我們觀念的不同，所以同一個家庭會出現哥哥是國民黨、弟弟是民進黨的有趣現象。

伊朗有一對連體姊妹，拉列和拉丹・比加尼（Laleh and Ladan Bijani），她們的頭連在一起，所以不但基因相同，連後天的經驗也完全相同，因為所有的經驗兩人都一同參與。兩頭連在一起使她們形影不離了二十九年，但是這兩姊妹的個性完全不相同。拉丹在做分割手術之前對記者說：「我們是兩個完全不同的個體被上天硬黏在一起，我們對事情的看法不同，我們的生活態度不同，我們的世界觀也不同。」拉列想搬到德黑蘭當新聞記者，拉丹則想留在家鄉開業做律師；拉丹比較外向，愛交朋友、愛說笑話，拉列則相反。這兩姊妹為了尋求各自的獨立自我，決定動手術分離，結果雙雙殞命。相信她們並沒有後悔，因為在手術前她們已經知道這個危險，仍然決定去做。她們希望成為獨立的兩個人，她們說如果失敗，至少自己是躺在自己的墳墓裡，不再是兩個被當做一個，可見個別差異的重要性。

她們是最好的例子，讓我們看到即使是雙胞胎，即便環境一模一樣，最後形成的人格也不相同。我們又如何能要求一個基因不完全相同，後天環境也不完全相同的兄弟姊妹在功課上要完全相同呢？

學校制度雖然表面上尊重個別差異，實質上仍然要求每個人一模一樣。我們的教育好像一條生產線，每個人都拿制度的模子套。能夠符合模子的，運送出去就是建中、北一女、臺大這個系列的產品，被父母師長社會所認同；不符合這個模子的就被打入回收籃倒進垃圾堆中。能從回收籃中重新回到生產線成為可接受的產品的真是鳳毛麟角，不知有多少有才能的孩子就因他的個別差異與常模不同而被剔除。

我很感歎到二十一世紀，科學如此進步，人都幾乎可以複製人了，我們仍然不瞭解個別差異的意義，仍然逼著我們的孩子去硬套那個不適合他的常模，怎麼不教人痛心呢？

愛不是限制孩子的理由

有位媽媽把孩子打得遍體鱗傷，員警來到時，她振振有詞地說自己的行為是「愛孩子」，因為孩子學習不佳，「恨鐵不成鋼」才會把孩子打成這個樣子。

人為什麼喜歡拉關係？

我們都有這種經驗：辦任何事，只要與辦事人員扯上關係，就方便得多，哪怕那個人是你同學弟弟的同學的舅舅，或是你表嫂妹妹的同事，只要牽親帶戚沾上一點邊，就會得到不同的待遇。

有個研究是這麼做的：實驗者請中國人和美國人看一些別人痛苦的圖片，然後用核磁共振儀掃描他們的大腦。結果發現中國人在觀看中國人受苦時，大腦前扣帶迴（anterior cingulate cortex, ACC）活化得比看美國人受苦時強，反之亦然。但是，看到自己的朋友受苦時，不論國籍，只要是屬於自己小圈圈的人，前扣帶迴的活化就比看到不認得的人受苦時來得強。

我們對「自己人」的認同不論走到哪裡都會看到，同鄉會就是一個好例子。「親不親故鄉人，美不美故鄉水」，本來不打算幫忙的，一聽到熟悉的鄉音就伸出援手了。研究者發現這種認同行為有演化上的關係。六百萬年前人類祖先從樹上下來時，因為沒有尖牙利爪，又只有兩條腿，跑不過四條腿的，因此必須群居，靠群聚的力量一起抵禦外侮，所以團結是生存必要的條件。但是人心隔肚皮是看不見的，因此演化出血濃於水、只相信自己人的現象。非我族類，其心必異，既然長得跟咱們不同，又不認同咱們，那麼趕盡殺絕是理所當然的。所以人會不自覺地模仿團體中多數人的行為，這是自我保護。

我看到這則新聞非常恐懼，這個觀念大錯特錯。這位媽媽把孩子看成她的私有物品，隨意打罵，這實在太自私。她不知道孩子是獨立的生命個體，她沒有權利這樣對待孩子。

黎巴嫩詩人紀伯倫有一首非常好的詩，〈你的孩子〉：

你的孩子不屬於你
他們是生命的渴望
是生命自己的兒女
經由你來到世上與你相伴
卻有自己獨立的軌跡

給他們愛而不是你的意志
孩子有自己的見地
給他一個棲身的家
不要把他的精神關閉
他們的靈魂屬於明日世界
你無從闖入夢中尋訪也將被拒

讓自己變得像個孩子
不要讓孩子成為你的複製品
昨天已經過去
生命向前奔湧
沒有回頭不能阻礙

你是自然之神手中一張弓
幸福而謙卑地彎身

把羽箭般的孩子射向遠方
送往無際的未來
愛——是孩子的飛翔
也是你強健沉穩的姿態

紀伯倫是對的，孩子通過我們來到人間，但他們不是我們的化身。不要用昨日我們的觀念去限制他明日的發展；不要叫孩子圓你的夢，因為那是你的，不是他的；更不要常說「你讓我很失望」之類的話，這種話只會使孩子放棄自己。

當一隻狗怎麼做都不能改變環境時，牠會放棄嘗試，即使後來環境改變了，牠有機會可以翻身時，牠也不會去做，因為牠已經習慣牠的悲慘了。如果家長不把孩子看成一個有獨立人格的人，你如何指望他將來能成為一個自立自強的人呢？

4 土地有休耕，學習有鬆緊

農田必須輪休才能長出好的稻米，
孩子的大腦和身體也需要有喘息的時間，才能固化知識，更好地成長。

停下是為了更好地出發

每當暑假快到，家長就開始煩惱這漫長的三個月要如何安排。火車站、捷運出口處有好多人散發補習班傳單，上面密密麻麻的課程，讓我觸目驚心。

有位媽媽告訴我，她替兒子安排了從早上九點到晚上九點的課程，「十八般武藝」都報了名，保證一分鐘都不虛度。假期居然比平時還忙還累！

在路上碰到朋友的孩子，問他暑假玩得愉快嗎，他恨恨地說：「玩什麼玩！我媽要我每天補習，什麼都補，連記憶力都要我去補！我又不是記性不好，我只是不想去背課本而已。我也很討厭她叫我去補心算，現在到處都是計算機，她還叫我去補。我媽就是見不得我不念書！」我問他如果不去補習，他暑假要做什麼，他歎了一口氣說：「發呆，什麼也不做地發呆。」我聽了默然。這的確是一個很值得檢討的問題。

其實，暑假正好是大腦喘息的時間，就像農田的休耕，農田必須輪休才能長出好的稻米。

孔子三千年前就說過「學而不思則罔」，一個會思考的孩子遠比一部會考試的機器重要。有沒有擠進名校的窄門在孩子長大後就不重要了，因為人生很長：念了大學，沒有人管你高中念什麼學校；拿了博士，沒有人管你大學念什麼學校。大部分時候我們是為了自己的面子與虛榮心強迫孩子去爭第一，其實有沒有學到知識，孩子自己很清楚。出了社會以後，重要的是會不會做人，會不會做事，而不是書念得好不好。

在學習理論上，孔子是對的，孩子也需要有時間反芻上學期所學的東西。若能透過課外相關知識的閱讀，將它組織和整理，就能變成自己的知識，這個知識才會被長期儲存。

假期是用來休息的，這是大腦和身體要求的。從大腦的生理上來說，長期記憶需要神經迴路的「固化」，而固化需要時間。因此，學習要想有成效，就要給孩子一點空白的時間去反思。我們平常習慣把孩子的時間填得滿滿的，一天八節課，從早到晚，連喘口氣的時間都沒有的話，他如何能反思呢？

許多父母叫孩子補習，並不是他們覺得孩子需要加強，而是別人都在補，自己不補生怕落後了。事實上，補習是為了讓父母安心，而不是讓孩子多學到什麼。孩子上了一學期的課已經累了，接受知識的程度已達飽和點了，很難再塞什麼進去。就像我們知道強迫餵食對孩子不好，強迫學習對孩子也不好，只是白浪費父母的血汗錢而已。

走上一程，休息一下，是為了更好地出發。不懂得休息，連續不斷地行走的那個人，即使不累癱，最終也肯定走不快，往往要落到人後。

假期如何過最划算

假期不要再重複學課本，而是應該多讀課外書。許多父母說不知道孩子的閱讀與趣在哪裡，很多孩子也說不清楚自己喜歡讀什麼書。這是件很糟糕的事，因為孩子有興趣，才能把一本書讀進去。

帶孩子上圖書館，是激發他閱讀興趣的機會。父母需要動一點腦筋，因為學習最重要的是情緒和動機，一定要找一個他想知道的題目，孩子才會對圖書館產生興趣。

我最常用的方法是教他找出他出生那天的報紙，讓他知道那天是「龍行有風，虎行有雨」，還是「天有異象」，再讓他看看當時臺灣發生的大事，誰是總統、誰是當紅的影星等。利用這種方法通常會使孩子對查找資料發生興趣。

學會用電腦尋找圖書館資料後，就可以開始讓孩子看他有興趣的書了。如果孩子沒有閱讀的習慣，父母要先引導。這個工夫絕對不會白費，閱讀的習慣將使孩子一輩子受益無窮。

假如孩子對偵探推理有興趣，以後想走法律的路，就給孩子多讀偵探小說，讀到關鍵的地方可停下來，吸引孩子自己去往下讀。

比如麥克·克萊頓（Michael Crichton）的《火車大劫案》（遠流出版），就是一本很容易吸引孩子上手的書。這是一個發生在克里米亞戰爭時的真實故事。當時英國每個月都要用火車運錢去前線發餉，由英格蘭銀行總裁親自押車。運餉的車廂是密不通風的貨車廂，錢鎖在保險櫃中，而鑰匙一直掛在總裁的脖子上。種種措施看來似乎是無機可乘，但歹徒仍然搶到了錢，而且是英國歷史上最大的搶劫案。歹徒用的是心理戰術。講到這裡就可以讓孩子自己看了。孩子其實是喜歡接受挑戰的，也喜歡動腦筋。所有的謊話，由於不真，一定有漏洞。讀偵探小說對孩子的推理能力是很好的訓練。

有一首詩非常好：

好鳥枝頭亦朋友，落花水面皆文章。
蹉跎莫遣韶光老，人生唯有讀書好。
讀書之樂樂何如？綠滿窗前草不除。

讀書讀到很快樂的時候是不會去管窗前的草長了多高的。「酒肉穿腸過，知識心中留」。夏天悠然躺在沙發上看小說，其實是人間一大快事，這種閒情逸致在走入社會工作後就很難再有了。所以我覺得應該讓孩子在童年有個愉快的暑假回憶。我記得小時候唱過一首歌：「我愛長夏風光，早起天氣爽，坐看隔岸楊柳，蛙聲呱呱晨風涼。」那種夏日樹下閱讀的美好回憶是一輩子都忘不了的。

時間管理，從小培養

假期不補習，讓孩子在家中閱讀還能教他學會「自律」：自己分配時間，自己做自己的主人，自己對自己的行為負責。

我們常覺得孩子小，不懂事，不會自己管理時間。其實，如果放手讓孩子試一次，你會很驚訝地發現他對自己生活的安排是很有主見的。

這裡先要提醒的是，信任不等於放任，信任他自己安排時間不等於放任他隨便過日子。給他這項權利之前，一定要先讓孩子瞭解光陰的可貴，要享受做自己喜歡做的事的愉悅。不希望父母嘮叨，先決條件是自重、自愛，做到答應父母的條件。

我的孩子很愛打電動，他說最痛苦的事就是打到最精彩的時候被「勒令停工」去做功課。我自己很瞭解這種滋味，因此，我們約法三章，只要把一天該做的事做完，時間如何分配由他。每天睡前檢查一下進度，只要有一次違規，這項特權就取消。結果發現效果非常之好。電動打累了，他就站起來拖拖地板、洗洗碗、澆澆水，活動一下筋骨。有時，不想打就去看書。打得多了，心中有罪惡感，書就看得勤快些。他也會在我下班前，先把屋子收拾好，使我回家覺得窗明几淨，心情愉快。他說這是報答我對他的信任。

我的孩子從國中開始管理自己的時間，我們雙方都很愉快，最主要的是他覺得我尊重他。為了維持這個尊嚴，一夕之間，他突然不要我操心了，自己會定鬧鐘起床，自己做功課。當然每個孩子不一樣，父母操心的程度不同，但是尊重他，使他自重自愛，應該是親子關係最重要的法則。心甘情願的效果絕對比打罵逼迫好。

暑假是孩子探索新奇，決定自己興趣志向的時間，在沒有課業的壓力下，他可以好整以暇地讀自己喜歡的書，思索將來要走的路，這一點的空白時間一定要留給孩子。在時間安排方面，他開始可能安排得不好，但只要我們不過多干涉，多肯定孩子，孩子會慢慢調整自己的。

我們常說外國孩子成熟、自主性高、獨立性強，因為他們的父母不像中國父母呵護得那麼周全。給孩子輕鬆的假期，他們才可以有更多的機會去外面探索、去遊歷、去體驗新奇。我們常覺得暑假是孩子變化最大的時候，新學期開學時，很多老

嗅覺與情緒有關嗎？

嗅覺是提取記憶的一道強烈線索。果蠅在有香草味道的房間被電一次後，下次就會避開有這個味道的房間。

美國有一名越戰的退伍軍人考進了醫學院，念得很不錯，到醫院實習時，一切都好，後來輪調到外科。外科醫師通常會用電燒血管以止血，他走進去時，聞到開刀房慣有的人肉焦味，一剎那，越戰殺戮現場所有的血腥回憶都回來了，他捂著臉奪門而逃，整個人為之崩潰，只好休學。

嗅覺是五種感官中，唯一不需要經過中途站（視丘）直接到達終點（杏仁核）的一個感官，而杏仁核是大腦中掌管情緒的中心，它產生情緒並製造情緒記憶，這是為什麼嗅覺是提取記憶很有效的線索的原因。別的感覺細胞都有保護，如：觸覺的受體有皮膚保護，眼睛的有角膜保護，聽覺的有耳膜保護。只有嗅覺受體是暴露在外，因此它也最敏感。澳洲有個原住民可以用嗅覺分辨人，有一次有人進入他的房間偷東西，他憑著房間中一些淡微的人體味道，抓出小偷。這已達到警犬的能耐。

嗅覺與情緒有直接的關係。有個實驗：在百貨公司的女裝部噴上玫瑰的香味，結果發現銷售量增加了百分之六十；男裝部則噴的是肉桂加蜂蜜的香味，銷售量也增加了一倍。

人聞到香的味道時會不由自主地微笑，所以曾經有人在紐約地鐵站噴巧克力餅乾的味道，發現推擠、打架等暴力行為減少了很多。

師都有「學生長大了、成熟了」的感覺。除了將近三個月不見，耳目一新之外，這段休息時間也是孩子整理過去、預期未來的時間。許多的整合要有時間、空間的配合才會發生。心靈需要自由，沒有束縛才能發揮。當日程塞得滿滿時，再好的頭腦也是枉然。請留一些時間給孩子，讓他自主分配他的時間。留白，主體才會突出。

做父母的如何把握每一個暑假，陪伴、指引孩子，讓他在思索人生的道路時有個正確的方向，我想比填滿他的假期來得重要。表面上看起來，他好像沒有學到東西，因為沒有補習班的證書作證明，但是他得到的無形知識可能更多。

父母必須從小訓練孩子經營自己的時間。父母可以告訴孩子你期待他做完哪些事，然後給他一些自由度去分配他的時間。如果參加補習，假期的作息表也填得滿滿的，孩子回到家已經十點，就沒有時間可以自由分配了。他也就失去了學習自我管理時間的一個好機會。

5

學外語，有技巧

什麼時候開始學不重要，關鍵是要有好方法。
就是靠閱讀把生詞變成熟詞，使大腦有餘力處理句意。

孩子該多大開始學外語？

孩子什麼時候學英語最好？最近媒體如火如荼地討論幼兒全美語學習的問題，大部分家長主張越早學習越好，擔心孩子錯過學外語的關鍵期，以後說英語有口音。有些家長雖不見得贊同，但是看到別人都這樣做了，怕自己孩子輸在起跑線上，也不得不跟進。

母語的學習的確有所謂的「關鍵期」（其實心理學家不喜歡用「關鍵期」這個名詞，比較喜歡「敏感期」，因為後者彈性比較大），越早越好。但是第二語言也是這樣嗎？

一九七〇年，有研究者發現：如果把一隻白冠麻雀從小隔離，不讓牠聽任何聲音，只在牠三十五到五十六天大之間讓牠每天聽到四分鐘正常的鳥歌，那麼牠長大後所唱的歌就幾乎正常；如果在牠五十到七十一天大之間才給牠聽正常的鳥歌，牠長大後所唱的歌雖然也有基本的調子，但是缺乏抑揚頓挫以及語尾顫音變化；如果太早（七天以前）或太晚（一百天以後）才聽到鳥歌，那麼牠所唱的歌會不正常，平板無變化。

這表示太早或太晚才學都是沒有用的。也就是說，出生後七到六十天是白冠麻雀的關鍵期，牠必須在這段時間聽過自己種類的歌才學得會唱；六十到一百天為邊緣期，仍然學得會，但歌不完整；過了邊緣期後再學就學不會了。

當然，這個實驗無法直接應用到人類身上。但是在一九七一年，美國加州發生過一件受虐兒的案件，可供參考。一名女孩被精神不正常的父親關在房間裡十三年後獲救，因為在這段時間沒有接觸到語言，所以後來雖然有加州大學洛杉磯分校的語言學家專門教她，她的語言始終不正常。一般認為這是因為她獲救時已過了學習母語的關鍵期，才會效果不彰。

另一個案例的受虐兒就幸運得多。伊莎貝爾也是被父母關到六歲才獲救，但是因為六歲仍在關鍵期之內，她的語言發展就很正常，在一年之內，不但學會了語言，還進入正常小學就讀。也就是說，七歲的伊莎貝爾說話跟她二年級班上的同學說得一樣好。雖然別人有七年的說話經驗而她只有一年，但是伊莎貝爾很快就迎頭趕上了。

這兩個現象支持了麻省理工學院語言學大師喬姆斯基（Noam Chomsky）的看法，即我們大腦中有個學習語言的機制，它必須在語言學習的視窗開放時間內被啟動，以後的學習才會正常。所謂「母語」，是在自然的社會環境裡學會的第一語言。但第二語言的學習到現在還沒有看到支持關鍵期的證據。

史丹佛大學的憲次白田曾對「學第二語言有無關鍵期」做了詳細的研究，他最後的結論是：沒有。他說，成年後再學第二語言，與孩童時學習第二語言的表現並無差異。

第二語言的學習，基本上與母語是不同的機制。法國的迪韓（Stan Dehaen）發現第一語言的大腦區域都在左邊，但是第二語言就很零亂，因每個人的經驗而不同。他的八名受試者中，竟然找不到一個地方是有六人都共同活化的。

第一語言在左腦處理，第二語言也是，連手語都在左腦。現在的研究已經發現，第二語言的大腦處理位置，不是與學習的年齡有關，而是與使用這個語言的精純度有關。

有些歐洲國家，如瑞士、西班牙、荷蘭都是雙語或多語國家，他們的國民幾乎都從小就學兩種語言，但是研究者發現，即使在三歲以前就學了第二語言，還是會有差別，他們在用腦波儀所做的誘發電位腦波圖上的表現不一樣。雖然他們都是很流利的雙語者，但是第一語言和第二語言的處理還是不同，受試者會用第一語言的結構去處理第二語言。

以目前所有的研究看來，母語的學習是有敏感期的，技能的學習，如運動、樂器、舞蹈等也有。敏感期的早晚，目前並無定論，大部分認為在青春期之前。但是第二語言的學習並沒有像母語那麼嚴苛，美國研究雙語學者的報告大多集中在十歲到十二歲左右，之前學可以避免口音。因為第一語言已把大腦中學習語言的機制啟動了，只有學得好不好的區別，沒有前面所說的學不會的問題了。第二語言的學習在青春期之前都可以學得很好，就看自己有多努力。亞都飯店嚴長壽總裁沒讀過大學，沒專門學過英語，後來通過自學和工作中的應用，能講一口流利的英語。這樣的例子可以舉出很多。父母大可不必急著把還不會走路的孩子送去美語補習班，童年最重要的是遊戲，不是上課。

學外語不用上培訓班

曾有報載，一名八歲的小學二年級學生讀英文版的《哈利波特》作消遣。根據記者報導，他並沒有出國，也沒有參加坊間的英語補習班，只是母親在家中和他講英語，一起讀英文故事書，看英語的 Discovery 頻道，慢慢地英文能力就培養出來了。他母親對記者說：「他的英文能力好，最主要的是因為他喜歡看書。」

許多人對這則新聞感到驚訝，我卻一點都不意外，因為從研究上很早就已經知道，閱讀是提升語言能力的不二法則。在實例中，中研院有位同仁曾在家中用同樣的方式帶她的女兒，如今這個曾在臺北市得過英語演講冠軍的孩子已到美國念大學了，很多人都不相信她是臺灣土生土長的孩子。

目前英語補習班成為一枝獨秀的行業，打著「雙語」旗幟的幼稚園生意特別好，收費之高可以超過醫學院的學費。其中以洋人任教的幼稚園最賺錢，哪怕洋人只是在父母來接孩子之前一個鐘頭才來上班都沒有關係，他們只要陪著孩子玩遊戲給父母看到，父母就心甘情願掏銀子了。

其實，我們應該靜下來好好檢討一下我們的英語教學，為什麼學了十年以上的英文，我們的大學生講英文還是舌頭打結，有口難言。或許，我們應該倒過來想，怎樣才是有效的學習英語的方式，畢竟，正面的建議比負面的批評更有效力。

我認為第二語言雖然是從小學最好，因為小時候大腦的可塑性最強，容易模仿，容易記住，對發音的確有幫助，但也要考慮付出的代價。

語言是溝通的工具，以清楚表達內心意思為主，空有標準的發音、沒有內涵的英文是沒有溝通價值的。也就是說，一般生活中的口語流暢並不代表英文好。早期臺灣有許多的吧女，她們都能講英文，但是沒有人會說她們英文好。

我參觀過美國波士頓的雙語學校，看到他們的孩子都能用純正的中文和我交談，非常驚訝。他們早晨的課全用中文上，下午的課全用英文上，孩子在上午時段完全沉浸在中文之中，老師、同學都用中文討論數學、自然、地理、美勞等所有課程，同學的互動也用中文。尤其是學到的生字，馬上就能用到，很自然地，這個語言就朗朗上口了。如果沒有環境，只是背生字，效果並不好。孩子記憶力固然好，但背得快也忘得快。我們看到很多留學生在新環境中很快地學會了第二語言，但回了國，一陣子不用，很快也就忘了。因此，第二語言的學習環境最重要。

有名建中的學生托福成績考了滿分，記者訪問時，他說從來沒有上過補習班，也沒有請過英文家教，只是平日常收聽英文廣播及看英文小說。我看了這則報導很高興，因為英文要學好，多聽多讀其實才是重點，上補習班是沒有多大用處的。補習班只能教你語法和生詞，但是只有透過實際的閱讀，才會知道這個詞怎麼用。

讀小說絕對比上補習班有趣，而且花的錢少。現在還有有聲字典，在發音上，電腦可以不厭其煩地念上一千遍給你聽，是最有耐性的老師。父母為什麼要捨本逐末，在孩子上了八小時課後再送他去補習班煎熬呢？

生活環境中有人講外語也是很好的學習條件，家長不用擔心會把孩子搞亂。比如有些小孩，家裡人多，孩子很小就知道跟阿公講臺語，跟菲傭講英語，跟老師說國語，從這點就可以知道，他們是應付得來的。

不要孤立地背單字

有報導說，大陸有個年輕人花了三個月時間背整本《牛津大字典》，在臺灣掀起一股背字典風潮。我看了很是感歎，在電子時代，要背的東西大可以交給電腦代勞，人的腦力應該釋放出來做組織和整理工作，寶貴的光陰拿來背字典太可惜了。

孤立地背單字很容易忘記，閱讀能幫助記憶，使你在不知不覺中把生字變成熟字。心理學上有一個現象叫「字優效應」，即辨認一個字的時間，會比辨認一個字母的時間短。照理說，字是由字母組成的，我們要先辨認字母才能認出字義，所以辨認字母的時間應該比較短；但是實驗結果正好相反。這是因為字是有意義的，意義度會減少大腦工作的負荷，辨認速度就快了。同理，從句子中辨認單字，比孤立的單字更容易識別和記憶。

閱讀的好處就是讓同一個字在不同的情境下常常出現，每次出現都會激發這個字的神經迴路；但是因為每次出現的情境不一樣，這個迴路就會越來越豐富。神經元的連接就好像荒野中原來是沒有路的，第一個人走過去留下一些腳印痕跡，第二個人順著第一個人的足跡前進，比較省力；走多了，一條路就出來了，人越多走的路越寬，走起來就越容易。這就是為什麼小學一年級的孩子辨認一個字要一分鐘，大人只要半秒就夠了的原因。

所以，學英文沒有別的快捷方式，就是靠閱讀把生字變成熟字，使大腦有餘力去處理句意。同時，在不同的情境看到這個生字時，大腦會不知不覺把這個字的正確用法歸納成為內隱的知識。就像中國話的量詞一樣，我們可以說一輛車，但是不可以說一輛船；可以說一頭牛，但不可以說一頭馬。這些用法都是在熟悉這個語言後，很自然地被大腦掌握住。大腦天生就有這個整理歸類的功能，不利用它真是太可惜了。

有好書可讀，學生自然就會想讀，讀得越多英文程度就會越好，程度好讀起來就更輕鬆，能輕鬆讀，自然一有空就會去讀書了。這是正向回饋。只要方法對，肯下功夫，就一定會有收穫！與其苦背字典，不如拿背生字的時間看一些經典小說，既愉快又真正學到東西。

語言的學習脫離不了文化，閱讀才能學好新語言背後的文化；而且，學英文將來是要運用的，說話、寫作或閱讀，光是死背字典生字沒有用，必須會運用它才有用。英文程度好不好在於遣詞造句是否得當。

我在美國時聽過一個笑話。有名中國留學生與美國室友一起搭夥吃飯，一天，夾三明治的肉沒有了，他便在冰箱上貼了個條子，寫著：buy flesh for lunch 提醒室友買菜時不要忘記。結果室友在條子下面寫：「對不起，我不是食人族。」因為 flesh

專指人肉。這就是為什麼要多看書，語文能力才會好的原因。字典告訴你字義，但是閱讀能讓你體會這個字該怎麼用才恰當。

6 寫作能力靠培養

給他自信，讓他通過閱讀和觀察有話可講並樂於表達，再從寫日記開始養成寫作的習慣，寫作文便再也不是一件痛苦的難事了。

批改作文要示範

一位在高中教國文的朋友，她的孩子今年的基測作文只有二級分，她大為憤怒，決定易子而教，要孩子去別的國文老師補習班補作文。孩子堅決不肯，兩人鬧得很僵。

我問孩子為什麼這麼討厭作文，他說他寫的作文沒有一句話中老師的意，都是紅筆一路槓到底。他母親尤其槓得厲害，除了「的」，沒有一個字是他原來的話。

我讓他把作文拿來給我看，發現這孩子其實很有思想，只是缺乏表達的方式。例如他母親在他作文上批「狗屁不通」四個字，他在底下寫著：「屁是一陣風，如何會不通？」我想他是課外書看得不夠，所以文字的掌握不精確，只要假期多看些書就可以了，所以建議他母親把補習班的報名費拿去買書給他看。

孩子高高興興地走了以後，我才想起忘記囑咐他母親，改作文不可以一路槓到底，這會讓孩子覺得他的話沒有一句是好的，失去信心就失去興趣，沒有興趣自然就討厭作文了。

在《唐祝文周四傑傳》中，有一段把這個道理闡述得非常好：唐伯虎為秋香賣身到華相國府做書僮，華相國的兩個兒子作文也是一塌糊塗，原來的師爺教了三年一點長進沒有，但是唐伯虎只教了三個月就開竅了。

原來，以前的師爺看華家兩兒子的作文，一邊改，一邊搖頭，一支紅筆把全部都刪掉，一字不留，學生就痛恨作詩了。唐伯虎的做法不同，他先揣摩學生想要講什麼，然後替他換掉了幾個字，讓學生看到為什麼換個字意境就升高了。例如學生作了一首詩：

花影日頭溫，
花影水腳冷，

其花比其人，
同此冷溫境！

唐伯虎換了七個字，就把這首詩改成一首好詩：

日上花影溫，
月來花影冷，
將花比世人，
同此炎涼境！

唐伯虎的修改，讓學生看到為文的精妙，比如相同的詞不要一直出現，要換同義詞避免重複。

又如學生作〈雨後看雲〉的詩：

今朝隔壁雨霏霏，

坐在新晴一釣磯，
太上老君何事急，
白雲歸去馬如飛。

唐寅又只換了八個字，把它改成這樣：

山中隔夕雨霏霏，
今日新晴坐釣磯，
天上不知何事急？
白雲如馬逐空飛。

這麼一改，這首詩就通順漂亮了。唐伯虎這樣批作文，一是不打擊學生的自信，二是給了好示範。學生在他面前既不必自卑，也知道什麼是好的，難怪進步那樣快。

作文無話可說怎麼辦？

許多學生都不喜歡寫作文，如問為什麼，他們異口同聲地回答「沒話講」。的確，若是肚子中沒有話講，硬要擠是很痛苦的事。父母不妨想一想，孩子若是連話都沒有，去作文補習班又補得出什麼東西呢？

改變無話可說的毛病，最好的方法有兩個：

一是多閱讀。

「巧婦難為無米之炊」，不看書，肚子空空，即使很會起承轉合也寫不出好文章，所以現在要補救作文必須先從閱讀開始。就像燒菜，不急著想怎麼燒，先看冰箱裡有什麼，有了材料，怎麼燒就容易了。杜甫說「讀書破萬卷，下筆如有神」，就是這個道理。

寫不出作文的學生多半是從小沒有閱讀的習慣，雖說亡羊補牢，猶未晚也，但是在補救教學的方法上應該有所不同。老師和家長要先引發學生閱讀的動機，讓他自己想去看，才會有成效，光是課堂上的幾個小時是不夠的。

鼓勵孩子閱讀，要對圖書進行精心選擇。我演講時，一位媽媽跟我抱怨她讀小學三年級的女兒讀了很多本書，作文仍然一竅不通。我看了她女兒的作文，果然是重複句很多，沒有文意，也沒有文采。

「一件事如果與常理不合就要追究」，我問她給孩子讀些什麼書、怎麼讀。她說家裡是開店的，生意忙無暇照顧孩子，平常下課就去安親班，週末送女兒去圖書館，講好看一本書二十元。母親說女兒勤奮好學，一天可拿到兩百元以上的獎金。

我想看了這麼多書，怎麼肚子裡還是空空的呢？原來她女兒很聰明，安親班有閱讀學習單，她便帶了學習單去圖書館，專挑頁數少、書本薄的繪本，抄作者、出版社、年代，隨便流覽一下內容後，畫一張圖，便賺了二十元。學校同樣只鼓勵數量，她便也拿到小博士的獎勵。但是因為她是敷衍了事，內容沒有看進去，所以作文沒有進步，這是閱讀重量不重質的後果。

多閱讀，還可以解決寫作文時詞不達意的問題。閱讀得多，大腦中儲存的辭彙就豐富，所以在提取時就很容易找到合適的。

二是讓孩子靜下心來，放慢腳步，對每一件事密密觀察，細細體會。

當然還要有豐富的背景知識做後盾，因為大腦看不見我們不認得的東西。如果腳步匆忙，東西一晃而過，就沒有機會留下印象，等於沒有看到。這種情形在出國旅遊時最顯著。事先看過介紹旅遊地的書，瞭解它歷史的人，看到的東西遠比一般人多，雖然同樣是走馬看花，但是有準備的人知道要看什麼。

處理資訊需要時間，後面湧進來的資訊會取代前面來不及處理的，如果後面的資訊比較強，它會遮蓋住前面的。就像在畫水彩時，你可以用更強烈的顏色蓋住前面淺色的部分。因此，知道要看什麼後，還得慢慢看、欣賞它，有感動時，寫出來的才是好文章。

唐朝柳宗元、宋朝蘇東坡描寫山水的文章都流傳到後世。其實他們所看到的山水，別人也都看到了，但是別人沒有他們的涵養與胸襟，所以寫出來的文章不會感動人。范仲淹的〈岳陽樓記〉是最好的例子。歷史上描寫岳陽樓的人很多，但是范仲淹登上岳陽樓後，有「先天下之憂而憂，後天下之樂而樂」的抱負，讓人們感受到他為國為民的苦心，深受感動，他的文章便流傳下來了。

一篇文章的好壞不在辭藻的華麗，而在文意的真誠。我們讀到歸有光紀念他的母親周孺人的文章會感動：古時避孕方法不好，他母親為多子所苦，便去吃中藥打胎，結果喑啞不能言，看了令人難過。因為情緒被觸動了，這篇文章就在大腦中留下深刻印象，幾百年後，讀起來依然彷彿看到一位疲累已極的母親，背後拖了一大串的孩子，家事從早到晚做不完。我們感受到她的無奈，也感受到歸有光的孝順與不忍。這就是我們所謂的好文章了。

所以文章好壞，不在題材的大小，而在感人與否。〈核舟記〉是一篇記述用桃核所刻的藝術品的文章，這種文章本來不容易吸引人，但是因為人物描述生動，呼之欲出，所以流傳下來了。因此，仔細地觀察，深深地體會，當某東西或事件觸及你的心時，把這種感覺寫下來就是好文章了。千萬不要「為賦新詞強說愁」，一個東西不真，就沒有價值了。

說得好才能寫得好

講故事是非常好的一種語言輸入、輸出的活動，對說話、寫作都有作用。把一件事從頭到尾說得清楚時，寫出來就是通順的文章。很多人以為說話很容易，嘴巴張開來，聲音跑出來，不就是說話了嗎？不對，那是聒噪。話說得好不好大有差別，話說得好是需要經過訓練的。

美國小學從一年級開始就要小朋友上臺說故事，每週有一堂課叫「show and tell」

（展示並介紹帶來的物品）。老師請學生從家中帶一個奇特的東西來學校，任何東西都行，只要自己覺得很特別，可以編出一則故事的即可。所以有人帶寵物，有人帶玩具，甚至有人帶父親來，因為他父親是消防員。小朋友要上臺把他帶來的東西完完整整地說出一個故事來，還要接受別的小朋友的提問。老師要孩子從同學的提問中，感受到他剛剛漏掉了什麼重要的資訊，以後不再省略，他一定是在講的過程中，漏掉了因果關係的「因」，所以別人才不知道他的「果」是怎麼來的，才會發問。

一則故事必須有因果關係才能吸引人。例如一個人做了壞事，雖然中間僥倖逃脫法律制裁，最後還是被員警抓去關了。這個做壞事、抓去關了就是因果關係。如果只說他被抓去關了而沒有交代前面做了什麼，別人就會聽得一頭霧水。因此，訓練說話其實就是訓練邏輯思維與組織能力，這兩種能力就是作文的基本能力。

我小時候，臺灣經濟尚未起飛，很少人家中有玩具，我們最好的「玩具」就是同年齡的玩伴。加上那時還沒有電視，電也很貴，所以我們都是天黑就睡覺，天亮就起床，用日光來讀書。在床上睡不著時，我們就輪流說故事，打發時間。

我家情況更特別，因為父親很用功，晚上要看書寫書，所以家中要保持安靜，不可以吵鬧。要維持六個孩子不吵鬧最好的方式就是講故事。我母親若得閒，就念《西遊記》給我們聽；若不得閒，我們這些大的就要負責編故事講給小的聽。我們那時是大家庭，自己的姊妹、親戚的孩子，大家都睡在榻榻米上的蚊帳內，每天都比賽誰說得好。我記得那是一段很快樂的時光。

當沒有故事可講時，我們就玩「接龍」的遊戲，有單字詞接龍、成語接龍，凡是想得起來的東西都可以接龍，還可以講相反詞、同義詞，看誰講得快、講得多。經過這種訓練後，我寫作文時，很少像同學一樣搜索枯腸；想不起有什麼話要講時，只要想像在跟姊妹們比賽，字就跑出來了。

後來留學美國時，有一次在電視上看到一個人可以把別人講的句子倒過來講，如 GOD，他就說 DOG，很長的句子都難不倒他，觀眾都很驚訝他有這麼好的記憶力，報以熱烈的掌聲。演出後記者訪問他時，他說他成長於美國北部的蒙大拿州，冬天很冷，大雪封山，天又黑得早，無事可幹時，父親就在家中跟他兄弟倆玩這個遊戲，他們把母親講的每一句話都倒過來說，以消磨長夜。沒想到越玩越精，到後來不費吹灰之力就可以把整個句子倒過來說了。

在這裡，我們看到熟能生巧的神經機制，把本來連不在一起的神經迴路連接在一起，連接得緊密了。下次要提取時，會像煮粽子似的，抓著一頭，一提，一串就出來了。說相聲的人每天都要把繞口令翻來覆去地說，要練習得很溜，嘴一張一滑就出來了。他們雖然在臺上講得輕鬆如意，在臺下可是練習了很久才有這個表現的。不管什麼事，要想做得好，都是「臺上一分鐘，臺下十年功」，沒有一蹴而幾的事。

所以，說話和寫作文要有條理其實不難，多練習而已。想像你在跟同學說故事，要說到他聽得懂，你必須從頭開始說起，不能跳躍，必須有起、承、轉、合這四大條件，故事才會精彩。不過要切記誠懇、自然，不要故意賣弄生僻的詞句來顯示你的學問。大家都不喜歡賣弄的人，這種人的文章寫得再好，別人也是不愛看的。

口語表達能力在二十一世紀很重要，因為現在是服務的社會，服務講求效率。當老闆問一件事時，職員要能站起來立即回答，還得回答得有條有理、層次分明，別人才聽得懂。

現在公司行號招考新進人員，常給他一堆資料，請他在十五分鐘之內整理成一張Ａ４紙的報表，然後用兩分鐘把這報表的精華講出來。前者是考他的組織能力，後者是考他的表達能力，而這兩種能力是在二十一世紀的世界中與人競爭的基本能

人為什麼不喜歡變化？

這種情況很常見：兒女想把鄉下父母接到城裡享福，可老人家不肯來；有的人出門旅遊時儘管蔬菜水果吃得不少，卻很容易便秘；很多人在離婚、工作壓力或意外變故之後，會生一場大病……這些情況都是大腦在排斥變化。

這是一種演化來的本能。遠古時人類生活危機四伏，一旦有什麼變化，大腦注意力系統就立即活化起來，保持高度警覺，指揮眼睛不停地掃描四周，以確定有沒有危險的東西出現，耳朵仔細聆聽環境中可疑的聲音。緊張使荷爾蒙改變，反應在我們的身體上，就會便秘、情志不暢、降低免疫系統功能。除非不得已，人很少自願移民，強迫遷徙是心靈的創傷。遷徙好像大樹連根拔起，需要相當久的時間調適，才能恢復原來的生命力。

腦造影的實驗讓我們看到熟能生巧的神經機制，一旦大腦熟悉了某項作業，它處理這項作業的神經元就立刻減少，釋放資源去做別的事。所以人在熟悉的情境下更放鬆和愉快。精神病房中，病患的作息常常是固定不變的，周遭的擺設也是一成不變的；因為一旦熟悉了生活的規律後，病患只要用很少的大腦資源便可平安度過一天，變化總會讓他們緊張。

總的來說，在大自然中，變和不變兩者是巧妙的平衡，這兩股力量的制衡使人類文明在穩定中進步。

力。所以全世界的教育都重視口語與書寫的表達能力，沒有這樣的訓練，畢業出來的學生，企業界不看好。

寫作文從寫日記開始

學寫作文還有一個很好的方法，就是寫日記，害怕作文的小朋友不妨從寫日記開始著手。

每天挑一件事來寫，可長可短，想寫什麼就寫什麼。久而久之，你會很驚訝地發現，你的話會自己從腦中跑出來，當你把這些話寫出來時，你就有一篇好文章了。

這也是小時候父母親要求我們寫日記的原因。當你能把一件平淡的生活小事寫得值得以後回味時，你就學會了觀察、體會、感受與表達，這就是作文的基本功了。寫日記的原因是它需要每天寫，只有鍥而不捨才會成功。

許多人不喜歡寫日記，那是因為把日記寫成流水賬，每天講同樣的事，所以沒什麼意思，不想寫。其實，寫日記是一種訓練觀察力和表達能力最好的方式。把看到的東西說給自己聽，因為你知道自己看到了什麼，因此，在寫時就不必怕詞不達意，可以盡量用不同的方式描述你所看到的東西或某一件事。很多時候，我們若是不描述它，這件事很快就從眼前消失了，有時甚至覺得連看都沒有看見過。

大腦是個有限的空間。有限的能量，只能選擇性地處理感官送進來的資訊，它取捨的標準就是我們的注意力，而決定注意力的就是我們的背景知識。因此，同樣的資訊存在於環境之中，有背景知識的看到了，沒有背景知識的有看沒有到。寫日記可以訓練我們的觀察力，降低資訊進來的門檻，使一眼看過去所收進來的資訊比別人多。

一封文情並茂的信可以扭轉乾坤、起死回生。不論科學怎麼發達，當別人還不能穿透身體來讀你的心意時，文字仍然是一種重要的傳遞資訊方式，值得我們下功夫把寫文章學好。

7 人才勝出在語文水準

語文是基礎，也是關鍵，學好語文才能學好其他。真正的人才勝出在語文水準。

語文是學好一切的基礎

友人給我看一份求職履歷表，裡面文句不通、內容貧乏、亂用成語，例如「家父自命清高，養成我們勤儉好學的個性」等，令人感歎大學生的語文能力低落，跟高中生一樣。想不到第二天就看到報紙報導，高中生作文能力更低落，只會寫「要努力，要加油，要認真，有志者事竟成，有恒心，一而再，再而三」等粗淺的口語式句子，無法寫出意思連貫的句子。

意思不連貫，奢談優雅；句子不優雅，遑論精練。這個現象非常令人擔憂。因為作文是內在思想的組織與表達，是意識的重新建構。這一代學生寫作能力低下，代表民族競爭力的下滑。過去交報告就算是抄別人的，至少還得動手抄一遍；現在電腦直接印出來，連看一遍都省了。因此，語文程度的低落、錯別字滿天飛也就在意料之中了。

過去，有人有錯誤的觀念，以為電腦的時代，語文能力不再重要，反正一切有電腦代勞。殊不知科技越進步，能精確表達自己的意思越重要，因為差之毫釐，失之千里。

語言表達的能力是需要訓練的，作文就是很好的訓練思維的方式。有一次我問學生：懶惰是失敗之母，失敗是成功之母，所以懶惰是成功之母，這種推法有什麼不對，全班竟然無人答得出。我們學生的思考邏輯性、表達能力精確性之差，都已到了令人警惕的地步。

臺灣目前一個很熱門的話題就是科技與人文的對談，好像這是兩個相對立的領域，必須透過溝通和對談才會使兩邊和諧。

其實這在基本概念上就錯了。科技和人文是「哲學」這棵大樹發展出來的兩大枝幹，不是獨立的融合體。一位優秀的科學家一定有高明的文學素養，寫出來的東西是眾人看得懂的；優秀的人文學者，也總是用科學的觀點和態度來看待問題的。

諾貝爾物理學獎得主費曼（Richard Feynman）教授的書就是很好的例子，他的書幾十年來一直是青少年進入科學領域的啟蒙書。只有真正懂的人才能夠把很深的學問用日常生活的例子，深入淺出地介紹出來。有扎實的中文水準，才能把你的思想表達清楚，讓人愛看。劉炯朗校長的著作《一次看懂社會科學》（時報出版）就給人這樣的感覺，讀起來行雲流水但裡面的內容很深奧。我讀大陸尹建莉老師寫的《好媽媽勝過好老師》（人類智庫出版）也是這樣的感覺，她在講科學教育，但用文學方式寫作，文筆流暢，說得句句有理，讀來卻一點不覺得她在說教。

一個人如果中文水準太差，成就就會有限；因為閱讀培養邏輯性，而邏輯是科學思考的根本，沒有邏輯性的思考，不可能成為好的學者。

我們過去都以為主持節目的人一定要字正腔圓、聲音甜美，但是人文和科技都擅長的劉炯朗校長主持的節目讓我們看到這並不是必要條件，聽眾真正在乎的是內涵。劉校長說話有廣東腔，因為他在澳門長大，但是由於節目內容豐富，廣東腔反而變成他的特色。我的朋友開車聽收音機的時候，一聽到廣東腔就不再搜尋電台，他知道劉校長上場了，大家洗耳恭聽。

教育本來就是為學生進入社會做準備的。在二十一世紀，一個學生如果沒有快速正確的表達能力是無法與別人競爭的。但是我們目前的教育並沒有做到這一點。新加坡現在正極力提升國民的中文能力，因為他們看到二十五年後華人市場將占世界市場的一半，亞洲在世界貿易中將有舉足輕重的重要性，因此提供兩百萬元獎學金鼓勵學生學中文。

學不好母語，也學不好英語

現在，中國人學英文的熱情超過了學中文，英文似乎比中文還重要，很多學生和年輕人英語講得好，國語卻很差。有報導說，某市立師範學院語文教育系的大二學生，竟然有百分之九十四中文檢測不及格，真是駭人聽聞！他們可是即將走上語文課講臺的人啊，而校長居然說這沒什麼不正常，校方會再修正題目，檢討題目是否過難。我真是不理解，難道學生考不好，把題目改得簡單一點就可以了嗎？

教師培養不力，導致教師素質低下。

有一次，我參加一場教育部的贈書會議。原來教育部有五千多萬元的預算可以買書贈給公私立高中職學生看，這是件非常有意義的事，因此我在百忙中抽空去開會。可是一看到選出來的「好書」時，我的心立刻往下沉。書單中有《豐胸100健美》《大腿100健美》《減肥教室》《開運招財好風水》《陳圓圓與吳三桂的亂世情緣》《陳圓圓與吳三桂的愛情糾纏》《上海女人》《巴黎女人》《塑身按摩》《精油圖鑑》《韓式主廚私房菜》《楊玉環豔香凝露》《楊玉環花影香魂》……這些就是高中老師推薦給學生看的「好書」嗎？實在令人難以置信。

讀這些書叫閱讀嗎？

有位高中國文老師站起來告訴我，現在的學生只看漫畫，根本不看其他書。這點令我更憂心。如果到了高中還只看漫畫，那就更不應該再給他們看漫畫書了。學生不是要討好，而是要教育，為人師長父母者必須想辦法引導他們看文字。二十一世紀是e世紀，什麼資訊都用電子信箱在傳遞，如果無法快速、正確地用文字表達自己的意思，難道以後我們要用漫畫治國不成？連在學校裡看的都是血腥、色情漫畫時，我們又怎樣去要求他們的心理健康？如何要求他們的品德教育？

從高中老師選出來的書，以及高中生對粗俗漫畫書的趨之若鶩，我認為我們現在正處在一個快速向下沉淪的漩渦中，再不重視學生的品德教育，滅頂指日可待。

臺灣一向是考試領導教學，上面政策不動，下面再怎麼努力推動都沒有用；而且臺灣有個錯誤的觀念，以為念理工科的就不需要中文。

更可怕的是認為中文不重要的這種觀念，使得現在不但學生中文水準低下，連老師的中文水準也高明不到哪裡去。假如老師的水準都不好，又如何去要求學生呢？所以我一直認為提升老師的水準是教育的第一要務。老師必須多看、多讀、多寫，也就是歐陽修所謂的「三多」——多看、多做、多思量。做學問的方式其實是相通的。

有人或許會說，現在是地球村、國際化的時代，學中文不如學英文，我認為這個觀念是不對的。第二語言的學習是建立在第一語言的架構上的，而且我們有這麼豐富的文化遺產，中文不好，不能欣賞古人智慧的結晶實在太可惜了。

我曾遇見一位來師大學中文的印尼華僑學生，他的錢只夠在臺灣學八個月就必須回印尼去打工，存夠了錢再來學。「禮失而求諸野」，海外的華僑青年打工存錢來學中文，而我們自己的大學生連《石頭記》（《紅樓夢》）是什麼都不知道，還跟我說他不是念地質學的，不需要看。

現在學生的中文程度已經低落到不可忽視的地步。有些國中生居然不知道什麼叫動詞：他們認為「電風扇」是動詞，因為它會動；「人」也是動詞，因為人也會動。文字認同是民族團結的要素，也是保存和傳遞先人智慧的憑藉。如何讓我們的下一代也能夠瞭解及欣賞中華文化之美，從而發展出使用漢字的自尊和自信，是我們這一代人的責任。

閱讀是學好語文的最佳途徑

元旦破例有四天連假，最後一天上課時，我感受到課堂上瀰漫著一股掩不住的興奮氣氛，因此提早了十分鐘下課，讓學生去趕車回家過年。一名學生興沖沖地走來向我道別，說他今晚要「衣錦還鄉」了。我聽了很驚訝，向他恭喜，問他得了什麼大獎，現在輪到他驚訝了，似乎我說錯了什麼。

突然之間，我明白了，他誤用了成語。為了怕他難堪，我急忙用別的話語掩飾過去。

回到辦公室，忍不住對同事說，他聽了哈哈大笑，說：「這種事見怪不怪啦！你要例子，我給你一籮筐。」他告訴我，連出版社的編輯都誤用「始作俑者」，把它當做讚美的話，稱讚第一個發明某個東西的人，完全不知道這句話後面接的句子是

「其無後乎」，是孔子責備發明陪葬制度的人。同事開玩笑地說他決定自己寫訃文，免得被孩子弄個四不像，讓他在地下生氣。

現在已經沒有多少大學教授敢出問答題了，雖然明知問答題才能真正知道孩子學到了多少，但是都不敢替自己找麻煩。因為答非所問，詞不達意，改卷子只有一個「慘」字可形容。

我們的孩子讀書讀得這麼辛苦，卻沒有達到一個知識份子應該有的中文水準，這是為什麼？

我想起我小時候，成語的習得是在日常生活中聽長輩談話、從閱讀書報中自然學會的。有些成語的用法很微妙，帶有負面的意思，必須從情境中、上下文之間的文意體會，不是光從字面可以知道的。

現代父母既不重視孩子閱讀，又很少像我父母那一代那樣長篇大論地跟孩子說話。現代人時間有限，連吃飯都盯著電視，沒時間跟孩子說話。有人說，現代父母跟孩子說話都是命令句：趕快去做功課、趕快去……用的是重複的句子，無法增加孩子的辭彙量。加上課業重，沒時間讀書看報，難怪現在的孩子作文寫不出來，辭彙貧乏，每天說話用來用去就是那幾個字：酷、爽、哇塞……形容詞都不見了。

曾經有人發起讀報運動，每天讓孩子讀《國語日報》。以目前情況來說，這是非常理想的補救方法。辭彙是靠累積的，它需要時間，一句成語必須在很多不同的情境中出現，孩子才能領悟到它的正確用法，才不會用錯；而讀報是接觸各種辭彙最快、最容易的方法。

二十一世紀的競爭是如此激烈，各個國家都看到了競爭的本錢是腦力（人才），而不再是十九世紀的自然資源。因為科技整合的結果使知識進步得非常快，傳統建構知識的方法已不符社會競爭的要求。

現代人必須有快速瀏覽的能力，在網路上搜尋自己所需的知識，下載下來應用。因此，廣泛的背景知識就很重要，它能幫助你判斷哪些知識與你現在的主題有關，哪些可以跳過；快速地閱讀、重點地吸收更是生存的本錢。培養孩子的閱讀習慣，就是讓他擁有一輩子的好工具。

讓人民養成閱讀的習慣與擁有文字的風采，是當務之急。當孩子有寬廣的背景知識時，便不必擔憂課程銜接問題，因為知識是相通的；當孩子有良好的語文能力時，便不必擔心他沒有組織能力、邏輯能力與表達能力，而這三者恰巧是領袖能力的三個指標。

8

閱讀興趣從小培養

閱讀能培養孩子的邏輯性、增加他的辭彙量，使他在寫作文時有內容，演講時能清楚地表達，但是閱讀的習慣一定要從小養成。

閱讀，先要「悅讀」

我有一名被派到山地小學做替代役的學生告訴我，每天早上天未亮，小學生就翻山越嶺來到學校，直接去敲他寢室的玻璃窗，叫他起來開圖書館的門，因為他們想進去看書。從我們的經驗中也知道，人天性是喜歡閱讀的，可是現在的情況卻是很多孩子不喜歡閱讀。這就要反思，我們教育出了什麼問題？

閱讀應該是「悅」讀，孩子心中想要讀才讀得進去。因此，補救閱讀必須先從學生的興趣著手，循循善誘，先引進門再談別的。

其實誘導孩子對閱讀產生興趣並沒有那麼難，也不一定要念公主王子那類大人沒興趣的書。我們一直說不要低估孩子的能力，有時念點有挑戰性的書更能激發孩子的興趣與想像力。

有一次一名學生氣急敗壞地來找我，說他開安親班的大嫂前幾天去醫院生產了，原來請好代班的老師在路上出了車禍，家裡打電話來要他先去頂一下，直到他們找到人手。他很緊張，來問我如何做「孩子王」。我那時手邊正好有一本野人出版的《昆蟲偵探：熊蜂探長的華麗推理》，就對他說：「你是動物系畢業的，講你的本行知識才能深入淺出，教學一定要生動才能抓住孩子的注意力。這裡有幾個偵探故事，主角都是昆蟲，帶標本去，一邊講故事，一邊教孩子昆蟲生態。」第二天他興奮地來找我，說：「昨天完全成功，小朋友聽到連父母來接都不肯走。」

原來他念的是該書第一篇〈蝴蝶殺蛾事件〉：一隻蝴蝶被控撞死了一隻毛翅夜蛾，許多目擊者都親眼看到夜蛾墜地後，一動也不動死去。員警來後把蝴蝶及證人都帶去質問，蝴蝶堅持牠沒有撞到夜蛾，但是牠看到夜蛾垂直往下墜，也停下去看牠是否生病，但是因為推牠、搖牠都沒有反應，牠就飛走去做自己的事了。

故事發展得很離奇，因為後來屍體不見了。員警又找了屍體附近的昆蟲來詢問，原來每種昆蟲都有牠自己生活的習性，日間生活的與夜間生活的用到的感覺偵察機制都不同，一名證人的證詞帶出另一名證人的證詞，最後真相大白——這隻蛾是因為「看到」蝙蝠飛近，便立刻垂直降落在森林的地面上裝死，蝙蝠用聲納來捕捉獵物，獵物也發展出反制的方式，一偵察到蝙蝠的聲納便立刻降落、靜止不動，逃過一劫。

故事曲折有趣，又介紹了很多昆蟲的生態，所以孩子聽了不肯回家，約定第二天再講第二個故事：〈哲學蟲的密室〉。我看他很興奮地到處借糞金龜的標本。他把一本沒有圖片、密密麻麻都是字的國中程度書，講給了國小程度的孩子聽，講得很成功，孩子學到了很多東西，他也覺得學有所用，雙方都高興。所以只要會講，內容深一點沒關係，孩子反而學得多。

「悅讀」三大法寶

首先，閱讀要盡早。

一位家長在我演講完後到講臺前來問我：「新加坡為什麼要求父母在孩子十八個月大時，就要讀書給孩子聽？他又聽不懂，讀了不是白念嗎？」很多父母臉上也有同樣疑惑的表情。其實只要是正確地教孩子，就不會白費力氣。

把一個孩子放在正常的環境裡，沒有人專門教他說話，他會說話；把一個孩子放在正常的環境裡，沒有人教他閱讀，他就不會閱讀。神經學家認為，大腦中並沒有閱讀中心，它是很多區域在有任務時，抽離原來的工作，合力來完成閱讀任務，所以要練習久了才會熟練，才能一聲令下，各個「單位」都來各就各位幫忙。因此會閱讀真是件不容易的事，這件事一定要盡早做，越早越好。錯過了機會，這種各個部位合力工作的狀態就不容易形成，孩子就會出現閱讀困難。

其次，不怕反覆讀。

為什麼小孩子喜歡一直聽同樣的故事、看同一本書呢？研究者認為，這是他們還沒有掌握這個新的資訊，還不瞭解它，所以會一而再、再而三地重複讀，從每一次的閱讀中去建構更多的神經元連結，引發更多的背景知識，從而達到理解。一旦孩子理解了故事，就像最後一塊拼圖放上去，完成這幅畫了，他們就可以把這本書放下，去挑別的書來讀了。因此，這種重複讀一本書的現象多半發生在低齡幼兒身上，很少在大孩子身上看到。

父母不可不耐煩。每一次的閱讀都會增加孩子大腦中神經迴路的連接，就像一個圓，頭尾相連了就圓滿成功，不需要再著力了。所以一種電動遊戲破關之後，孩子就會對它失去興趣，但是在未破前，他會廢寢忘食地拚命試，這些都與大腦中的鴉片感受體有關。

最後，選書投其所好。

研究發現，男生與女生在選書的偏好上有所不同。女生喜歡故事類小說，男生喜歡非故事類、真實世界可用到的知識，如歷史人物傳記、如何製造汽車等，因此在引導入門時，男生女生讀的書可以不一樣。老師不妨從大人小孩都會喜歡的《包公傳》《七俠五義》等又真實又懸疑的歷史小說著手，先讀一段給學生聽，讀到最精彩處時，放下書，請學生自己去看。或是介紹一些中國歷史上的冤獄，如《楊乃武與小白菜》《竇娥冤》《十五貫》等，解釋「越級上告」是什麼意思，為什麼要設釘床，鳴冤人為什麼要睡過釘床案子才有重新審理的機會等。說故事時，老師可以順便教人性是什麼，為什麼幾千年來人類犯罪的手法雖有翻新，犯罪的意圖卻不會改變。

古人說「循循善誘」是有道理的，閱讀是習慣，需要誘導，若能與孩子一起讀，啟發他、教導他思考方式，那收穫豈不更大？只要有心，誘發孩子閱讀絕對不是難事。

閱讀是樂趣不是功課

假日與幾名同學去探訪剛退休的朋友，他叫媳婦抱出兩歲左右的孫子，又倒出一堆識字卡，當場表演了一番，大家都極口稱讚。他得意得不得了，說自己當年考了三次才進臺大，現在絕不讓孫子重蹈覆轍，從孫子出生起便分秒不放過，一定要一次便進臺大。我問他有沒有讀書給孩子聽，他說：「那還用說嗎？」立刻親自示範給我們看。

只見孫子正襟危坐在桌子前，他用念公文的抑揚頓挫，把遠流出版的《繪本童話中國》給念完了，我看孩子臉上絲毫沒有閱讀的喜悅，只有「這是功課，不得不應付」的表情，我就趁老友更衣準備外出用餐時，請他的媳婦念書給孩子聽。孩子在媽媽身上果然放鬆多了，一直打斷母親的話，問「這是什麼？」「為什麼？」母親一概不回答，好像沒聽到，繼續念下去，念完了居然說：「來，把字卡找出來，我們來復習一下。」我正要制止，老友已換好衣服出來，他看到了很高興，直說「再念，再念」。我只好心情沉重地走出他家。

他們這樣不是帶孩子，而是在操練士兵。要孩子閱讀最重要的是讓他覺得有趣，想再讀，而不是覺得是功課，不得不做。英文有句話叫 drill and kill，也就是說，機械式的訓練會扼殺孩子對閱讀的興趣。

閱讀能培養孩子的邏輯性、增加辭彙量，使他在寫作文時有內容，演講時能清楚地表達自己的意思，但是閱讀的習慣一定要從小養成。父母可以先找出孩子有興趣的故事，在故事講到最精彩時停下來，激發出孩子的好奇心，吸引他自己往下讀。或許這會花掉父母不少時間，但這工夫絕對不會白費；或許這會占掉孩子讀課本的時間，但知識是不分課內、課外的，它是相通的，彼此關聯的。只要是好書，將來全都派得上用場。

在培養閱讀習慣中，家長和孩子都應體會到讀課外書是樂趣，不是功課，這樣才能對閱讀保有長久的興趣。

9

背景知識助孩子成功

前人窮一生之力寫一本書，我們透過閱讀文字，轉化成為自己的，我們就站上了他的肩膀，看得比他更高更遠了。

背景知識是登上巨人肩頭的梯子

《科學美國人》（中文版譯為《科學人》，遠流出版）是世界上介紹科普新知的一流雜誌之一，它的宗旨是要讓所有不懂科學的人都能看得懂科學，所以文章都是由這個領域最頂尖的人執筆，再由非科學家做編輯，務必改到人人都懂才刊登。很多科學家都是因為小時候看了《科學人》以後才走上科學道路的，它在美國的普遍性就和《時代》雜誌和《新聞週刊》一樣，是很多家庭都訂閱的讀物——大人看新聞雜誌，孩子看《科學人》。

《科學人》在出刊一百五十年之後，回首前塵，把這些年中介紹重要領域的文章彙集在一起，於是有了《科學的桂冠》這本書，給下一代的年輕人看，使他們飲水思源，莫忘前人開拓疆土的辛苦。我現在重讀這些文章，發現依然受用無窮。從《科學的桂冠》這本書，讀者可以看到科技整合是個不可避免的趨勢，當時的很多領域現在已經整合成新的領域了。

在急功近利的現代社會，歷史的重要性常被人忽略。事實上，太陽底下沒有新鮮事，每件事都有脈絡可循，不會平地一聲雷，突然蹦出一隻沒來由的孫猴子。以古鑒今是明訓，不知過去的歷史就無法瞭解這件事底下的成因，也就無法預測未來，做為科學家最怕的就是「重複發明輪子」。

我在美國念研究所時，任教於西北大學（Northwestern University）的心理學大師安得伍（B.J. Underwood）教授來加州大學演講，告誡我們回顧文獻要徹底，不要重蹈他的覆轍。原來他還是個研究生時，做了一個精巧的實驗，非常得意，就到心理學年會去發表。當他口沫橫飛地講完實驗，預期底下聽眾起立鼓掌時，一位白髮蒼蒼的老先生站起來說：「做得很好，年輕人，不過下次設計實驗時先把文獻看一下，你的實驗我在一九二四年就做過了。」

安得伍說，當時他在臺上窘極了，恨不得有個地洞可以鑽下去。所以他來告訴我們要念歷史，不要浪費畢生的精力去發明一個已經存在的東西。這本書從領域的源頭講起，讀了就不必擔心自己浪費時間去發明已經存在的東西了。

整本書中，我最喜歡的是最後的「一百五十年科學新發現大事記」。埋首實驗室做研究的人常有「見樹不見林」之患，同時，自己生活在當下，也就不會體會到當時一點點小發明如何改變了世界。這份大事記以十年為一單位，列出這十年中科學的新發現，使我們很快就看出科學發現之間的脈絡。沒有前人種樹，後人就無法乘涼。在這本書中，我真的看到牛頓說的「站在巨人肩膀上」的意義。

所以，如果我們想培養一個小孩子，讓他也能站在巨人的肩膀上去發展，在短短的一生中成就大業，就要引導他登上一架通往巨人肩膀的梯子，這梯子就是「閱讀」。

人類的文明可以進步得這麼快，完全因為我們有文字。人腦記憶的容量有限，冗長的會議內容或軍事部署，很難在腦中做全部的沙盤演練而沒有遺漏，文字的記載彌補了人腦的不足，使心思得以細密。透過文字，前人的經驗得以傳承到我們身上，使我們不必從頭開始。廣泛的閱讀打開了我們的視野，讓我們可以從書中描繪的別人經驗，修改我們的設計，從而創造出新的東西。如果沒有透過閱讀，達到知識傳承，每一代都得「重新發明輪子」（有人認為古人最偉大的發明是圓輪，從那以後，工業技術開始飛快地進步），人類的文明是不可能累積或進步的。

前人窮一生之力寫一本書，我們透過閱讀文字，花兩個禮拜便把他一生經驗的精華接收過來，轉化成為自己的，我們就站上了他的肩膀，看得比他更高更遠了。

背景知識是接納新知的沃土

背景知識強的人在同等時間內所吸引到的知識，比沒有背景知識的人多了很多。原因是我們的資訊處理歷程是「從上而下」及「由下而上」兩者同時進行的交互作用歷程。從上而下的歷程會依據由下而上歷程送上來外界刺激的特質，如顏色、形狀等，再從背景知識中抽取符合這些條件的東西，形成初步假設。初步假設可能有很多，接著我們再依據不斷送上來的最新資訊，逐步推翻不對的假設，最後留下來的就是最符合由下而上資訊及現有背景知識的最佳答案。如果形成不了假設，便看不見應該看到的東西。

許多資訊都在環境中，但是如果沒有背景知識，無法形成假設，就變成「有看沒有到」，這是對不熟悉的東西視若無睹的原因。魔術師在表演時就常引導觀眾形成假設，並借此誤導觀眾看不到應該看到的東西。

閱讀可活化神經迴路的另一個重要原因是：閱讀可以激發想像力，沒有想像力就沒有創造力，而想像力又與背景知識有關。因為要「無中生有」非常困難，至少要有一點點根據，才可能捕風捉影，而這一點點的東西就是背景知識。

人沒有看到鳥就不會想到飛，沒有事實根據的想像不可想像。我們從一七三〇年義大利畫家摩根（Filippo Morghen）想像中的月球世界，就可以知道想像力與背景知識的關係。在這張圖中，月球人划的是威尼斯運河船，住的是掛在樹梢的南瓜屋，所有東西都是畫家所熟悉的。他只是從生活周遭熟悉的東西出發，發展他的想像力，就好像我們說一個人不可能夢到他完全沒有看過的東西一樣，沒有見過汽車的人怎麼夢都不可能夢到汽車，沒有任何知識的人怎麼想像也不可能全部虛構。

因此，閱讀提供了想像的背景知識，從而提供了創造力的基地。創造力強的人，通常背景知識也很廣博。寫《侏羅紀公園》的麥克・克萊頓能成為暢銷科幻小說作家，就是因為他有豐富的生物科技背景。他原是哈佛大學醫學院的畢業生，又在加州聖地牙哥的沙克研究所做過研究員，因此寫出來的小說有真實性、不離譜，能吸引讀者。

而且，正確的知識進入大腦後可以阻擋不正確的知識侵入，大腦自己有組織知識的能力，會把相似的歸納在一起。假如我們同時又引導他思考，那麼這孩子從小在看到自然界的事實後，會動腦筋思考，他將來的知識網路會綿密得多，人也會越來越聰慧，而我們對聰明智慧的定義正是神經元連接的密度和它連接的方式。

諾貝爾生醫獎得主梅達華（Peter Brian Medawar）說過，一個人只要有很好的普通常識（背景知識）、一般的想像力，就可以成為一個有創意的科學家。你不一定要很聰明，但一定要對某些東西很專業！聰明是天生的，我們沒有辦法改變，但是智慧是後天經驗累積的，是我們努力可以達成的，進而看到別人沒有看到的東西。

背景知識打開創造力之門

在科學上，發現、發明與創造的層次是不一樣的。

發現是東西已在那兒，只是他是第一個知道的人。例如哥倫布發現新大陸，新大陸並不因為哥倫布而存在，它已經在那裡了。哥倫布的偉大是因為在那個時代，他有勇氣航向「未知」，從而到達了別人未去過的地方。

發明在原創性上的層次比發現高，因為「發明」所需要的原料已事先存在，但它的組合卻是非常的原創性，例如佛萊明（Alexander Fleming）發現盤尼西林。一九二八年佛萊明在倫敦聖瑪莉醫院，發現培養皿的細菌遭到污染，上面長了綠色的黴。一般人會抱怨自己運氣不好，實驗不成功，只好倒掉；但是佛萊明在倒掉的一剎那，看到黴菌旁邊有一圈沒有葡萄球菌，因此推想這個黴菌可能可以抑制細菌的生長，從而發現了盤尼西林（青黴素）。也就是說，盤尼西林是已存在於自然界的，但是觀察力好、思想敏銳的科學家，看到了別人沒有看到的東西，想到了別人沒有想到的用途，所以佛萊明是「發現」了黴菌，「發明」了用途。又例如愛迪生發明電燈泡，本來這個世界上並沒有「電燈泡」這個東西的存在，因為有了愛迪生，所以電燈泡才會出現，這個層次就比發現高了很多。

創造是屬於最高層次的原創性，它帶有濃厚的個人色彩，沒有這個人就沒有這樣東西。例如世界上如果沒有畢卡索這個人，就不可能有畢卡索的畫；如果沒有舒伯特這個人，就不會有舒伯特的音樂。這種創造力是有獨特性的，沒有人可以取代，所以藝術人文方面的創造力叫做「創作」，而科學上的創造力叫「發明」。

歷史上很多的發明都可以用「靈光一閃」來形容當時的情境。這個靈光一閃的奧秘現在揭開了，它就是神經學上所說的「兩個神經迴路連到一起，激發了第三個神經迴路」。

從神經學的研究上，我們知道大腦在出生時有十兆的神經元，其實是比我們需要的多，大腦占體重的百分之二，卻用掉百分之二十的能源。所以人在出生後就開始把不需要用到的神經元修剪掉，以節省能源，於是「用進廢退」出現了。比如說，常常打的電話會有直撥的快捷方式，不再需要轉接，而一條許久不打的線路，便會被別人借去用了。

我們的每一個神經元可以連接一千個以上的其他神經元，因此大腦就像紐約市的電話總機一樣，是個非常繁忙的網路。要有創造力，必須有四通八達密切連接的神經網路，神經元連接的密度與觸類旁通、舉一反三的創造力有關。「經驗」可以影響神經元的連接，神經網路越密的人，點子就越多，創造力也越強。「經驗」即背景知識，取得的方式有兩種：自身的經歷和透過閱讀消化前人的經驗。

是伽利略最早發現月球表面不是平的，他用自製的望遠鏡看到月球上的黑影是一點一點地褪去的，因此假設月球表面不是平的，是像地球一樣有山有谷的，陰影的面積會因太陽高度而縮減。三百年後的一九六九年七月二十日，美國太空人登陸月球，證實了他的假設。

所以伽利略是先有觀察，看到月球表面的陰影一點一點地褪去，再從生活的經驗中知道：太陽升起時，物體的影子會慢慢褪去，直到日正當中，影子完全褪去。因此他做出「月球表面不是平的」的假設。

影子的知識可以從生活上實際觀察到，但並不是每件事都要親自觀察和實驗。閱讀使科學家不必親自做每一個實驗而得到那個知識。科學要進步，知識沒有傳承是不可能的。

又如達爾文看到海島上有很多淡水植物，這些淡水植物是怎麼傳到這座無人海島上的呢？一個最合理的解釋是：鳥爪上沾有一些泥巴，泥巴中含有植物的種子，當鳥類前往海島覓食時，不經意地把這些種子傳播了出去。

為了證明這一點，他到他家附近的池塘中挖了三湯匙的泥土放在咖啡杯中，帶回書房觀察，每長出一棵植物就把它拔出來，使別的植物有空間可以生長。這樣觀察了六個月，他總共拔出了三五七棵植物。在這小小的咖啡杯中，可以長出五三七棵植物，他就確定鳥爪中若有一點點泥土，就有可能帶有植物的種子，傳播到遠方的海島了。

所以，一位科學家不只要有觀察力，還得有能力正確解釋他所觀察到的現象，最後還必須具備做實驗的技術，以驗證自己的假設是否正確。因此在這裡，我們看到了背景知識的重要性，它是創造力的基本條件。

英國的教育部長布朗凱（David Blunkett）曾說：「閱讀解放我們的心靈，讓我們的心智翱翔。」一個有創造力的心靈必須是自由的，它必須不受束縛，而閱讀正是解開它的束縛、使它飛翔的金鑰匙。在創造力如此重要的今天，讓我們從創造力的基本做起，鼓勵孩子閱讀，打開他心靈的世界，獲得足夠多的背景知識，放他展翅翱翔。

好孩子：三分天注定，七分靠教育．家教篇／洪蘭著．
-- 初版．-- 臺北市：遠流，2014.04
面；　公分．--（洪蘭作品集；11）

ISBN 978-957-32-7390-5（平裝）

1. 親職教育　2. 子女教育

528.2　　　　103004524

大眾心理館 411
洪蘭作品集 11

好孩子

三分天注定，七分靠教育【家教篇】

作者——洪蘭
主編——尹建莉
執行主編——林淑慎
特約編輯——陳錦輝

發行人——王榮文
出版發行——遠流出版事業股份有限公司
100 臺北市南昌路二段 81 號 6 樓
郵撥——0189456-1
電話——(02)2392-6899
傳真——(02)2392-6658
著作權顧問——蕭雄淋律師

□ 2014 年 4 月 1 日　初版一刷
□ 2020 年 3 月 16 日　初版十一刷
售價新台幣 250 元（缺頁或破損的書，請寄回更換）

ISBN 978-957-32-7390-5

遠流博識網
http://www.ylib.com　E-mail: ylib@ylib.com